重慶市出版專項資金資助項目

重慶中國三峽博物館藏

稀見西南史志類稿鈔本叢刊

重修昭化縣志（清鈔本）

重慶大學出版社

圖書在版編目（CIP）數據

重修昭化縣志：清鈔本 / 程武彦主編. -- 重慶：重慶大學出版社，2023.1
（重慶中國三峽博物館藏稀見西南史志類稿鈔本叢刊）
ISBN 978-7-5689-3607-1

Ⅰ.①重… Ⅱ.①程… Ⅲ.①廣元－地方志 Ⅳ.①K297.13

中國版本圖書館CIP數據核字（2022）第252077號

重修昭化縣志（清鈔本）

CHONGXIU ZHAOHUA XIANZHI（QING CHAOBEN）

主 編：程武彦

策劃編輯：孫英姿 張家鈞 許 璐

責任編輯：張家鈞 版式設計：張 晗

責任校對：黄菊香 責任印製：張 策

*

重慶大學出版社出版發行

出版人：饒幫華

社址：重慶市沙坪壩區大學城西路 21 號

郵編：401331

電話：（023）88617190 88617185（中小學）

傳真：（023）88617186 88617166

網址：http://www.cqup.com.cn

郵箱：fxk@cqup.com.cn（營銷中心）

全國新華書店經銷

重慶新生代彩印技術有限公司印刷

*

開本：889mm × 1194mm 1/16 印張：20.75 字數：136 千

2023 年 1 月第 1 版 2023 年 1 月第 1 次印刷

ISBN 978-7-5689-3607-1 定價：598.00 圓

前言

重慶中國三峽博物館（重慶博物館）是一座集巴渝文化、三峽文化、抗戰文化、移民文化和城市文化等為特色的歷史藝術綜合性博物館，其前身是肇建於1951年的西南博物院，1955年因西南大區撤銷更名為重慶市博物館。2000年，為承擔三峽文物保護工程的大量珍貴文物搶救、展示和研究工作，經國務院辦公廳批准設立了重慶中國三峽博物館，主要在重慶市博物館的基礎上進行組建，並加掛重慶博物館牌子，實行兩塊牌子一套班子的管理體制。重慶中國三峽博物館作為西南地區最負盛名的中央地方共建國家級博物館、首批國家一級博物館、全國古籍重點保護單位，現有館藏文物11.5萬餘件套（單件超28萬件），涵蓋23個文物門類，藏品種類豐富。僅古籍一項，就經、史、子、集四部齊備，凡明清以來刻本、鈔本、影印本不一而足。據第一次全國可移動文物普查統計，截至2016年10月31日，重慶中國三峽博物館收藏有古籍圖書4993套，40234冊，史志類文獻的收藏數量尤其眾多，其中僅稿鈔本就有近百種。

為了讓重慶中國三峽博物館的館藏古籍走出冰冷的文物庫房，使更多研究者和文史愛好者能夠接觸到這些珍貴的文獻資料，我們從中選擇了一批保存狀況較好、文獻價值較大、稀缺程度較高、反映主題較為集中的稿鈔本古籍，嘗試編纂了這套『重慶中國三峽博物館藏稀見西南史志類稿鈔本叢刊』，因經費和人力所限，擬分多次編纂出版，先期推出的六冊主要包括以下八種文獻：《續修曲靖縣志稿》（民國稿本）、《文山縣志》（民國稿本）、《重修昭化縣志》（清鈔本）、《蜀藝文志》（稿本）、《國朝全蜀貢舉備考》（鈔本）、《漢代的重慶》（稿本）、《四川崖墓略考》（稿本）、《彭山崖墓建築》（稿本）[一]。

[一] 前五種文獻每一種輯為一冊，後三種文獻因內容相對較少，本次整理時合輯為一冊。——編者註

一、《續修曲靖縣志稿》（民國稿本）

重慶中國三峽博物館藏稿本，此志書記為十卷，今僅見七卷，分裝為十冊。鈐印『晉樹績』『撫辰』『西南博物院藏書』。竹紙線裝，未見界格板框。半葉6行至8行不等，行16字。無牌記。原登記有：『首冊扉頁題「民國十九年編纂，民國三十三年李天柱敬錄」。其後列「續修曲靖縣志稿姓氏」，言「主修：曲靖縣縣長段克昌，宜良人。編纂：李克魁，邑人。孫天樞，邑人。採訪：李天和、晉樹藩、丁正身、許萬壽、陳文明、楊受之。」』今稿本未見。志書凡例言：

（一）曲靖前於明清兩代均為府治，管轄八屬，南寧縣為首縣。過去既無府志，民國成立裁府改縣，以後更無府制之存在。巍巍名郡，愈遠無徵，爰將府之部分，擇要加入。

（一）丁祭樂章，鄉飲賓具，前以詳在會典，略而不載。以後會典日少，鉅典無徵，乃將從祀之先賢、先儒之姓氏、位次及咸豐以來舉行之鄉飲賓具參考列入，一見了然。

（一）越州在昔有志，縣志即略而不載。謹案：越州，舊志康熙六年即已裁撤。自咸豐以來至宣統三年之六十餘年間，行政系統既未獨立，越州部分自應歸納於縣志範圍，以使縣志保持完整。

（一）編志於民國十九年，而截止於清末之宣統三年。此十九年中，不但人文、政治之演變甚劇，即種種建設、破壞之改觀亦甚速，如交通、水系、官職、寺觀、閘壩等，宣統三年如彼，民國十九年如此，為保存實際真象，編者按時記實，此時代之關係也。

（一）舊志體例極為嚴謹，除原璧保存外，所得材料均依原有綱目逐一增入，其有不能究納者，另作附記於後，以備後來之參考之用。

（一）新增材料皆根據《大清一統志》《雲南通志》，各項舊志，各先達遺稿，及地方各方人士之幫助，一一均有來歷。惟事隔多年，難竭力採訪，掛漏仍所不免，其有湮沒者，亦喻芳余先生所諛，末如之何也。閱者賜教，幸祈諒解。

邑人李占魁謹識

就凡例所述來看，此志於民國十九年（1930年）編修，旨在補充前志之缺，記事主要以曲靖縣史事為主，但因曲靖縣曾在相當長一段時期為當地府治所在，故纂者又將『府之部分，擇要加入』。至於記事之時間起止，諸門目各有不同，但大體尤重於咸豐以後及至宣統三年（1911年）間事。部分門目，如交通、水系、官職、寺觀、闡壩、藝文等，則因念及『宣統三年如彼，民國十九年如此』之現實情況，時間下限延至民國中期，如藝文志中所存《民國丁卯兵災紀略碑》一文即成於民國十八年（1929年），亦即志成之前一年。

此志既然名為《續修曲靖縣志稿》，本身是為續前志而來，而此中所謂前志，凡例中言曲靖『過去既無府志』，而『管轄八屬，南寧縣為首縣』，恐是指稱《（康熙）南寧縣志》《（咸豐）南寧縣志》，抑或包含《（同治）古越州志》等鄉邦舊志。

清代方志學家章學誠曾於己著言續修方志之要時說，『（續）修志者，當續前人之紀載，不當毀前人之成書。即前志義例不明，文辭乖舛，我別為創制，更改成書；亦當聽其並行，新新相續，不得擅毀；彼此得失，觀者自有公論。仍取前書卷帙目錄，作者姓氏，錄入新志藝文考中，以備遺亡；庶得大公無我之意，且吾亦不致見毀於後人矣。』[一] 今觀《續修曲靖縣志稿》（民國稿本）凡例中所謂『舊志體例極為嚴謹，除原璧保存外，所得材料均依原有綱目逐一增入，其有不能究納者，另作附記於後，以備後來之參考之用』這一修志觀念，可以說正是對章學誠有關續修方志理論的忠實踐行。另外，此志纂修所依據的材料，主要是《大清一統志》《（乾隆）雲南通志》，以及各類舊志，並摘錄曲靖先達遺稿，應該說此志材料的採擇是較為廣泛的，同時也具有相當的可信度。

一般而言，舊方志均是『自有篇卷，目錄冠於其首』。[二] 但此稿本志書未見目錄，更無序文、跋語，故於修志之緣由、成書過程、經費籌集、付梓情況等，均無法詳考。惟詳列參與修志者姓名，共分纂修、評議、事務、協辦四類。其中，主修人列『李蓉、張熙瑞、楊本仁、張師聖、莊明馨、雷德泰、郎嘉佑、包德先、尹繩武、李世瓊、馮詠仁、趙開甲、高登祚、傅夔龍、李天植、劉正乾、魏樹森、張紹渠、曹學孔、王朝柱、王紹清、張燮

[一]（清）章學誠著、葉瑛校註：《文史通義校註》，中華書局，1985年版，第820頁。
[二]（清）章學誠撰：《章學誠遺書》，文物出版社，1985年版，第252頁。

生、張習武、呂金榮、潘桂芬、湯錫齡、唐有能、喻紹清，以上均邑人。』評議者列『孫天策、薛毓祥、唐鑑忠、那崘、趙文淵、楊樹階、丁德榮、李國選、孫坦、焦維邦、晉樹績、李天柱、曹學林、王鳳鳴、俞樹琪，均邑人。』至於事務則載為『晉樹玉、楊應培，均邑人。』協辦列『楊懋清，昆明人。陳洛書，邑人。』

需要註意的是，此處評議者列有晉樹績之名，而前文提及稿本鈐印中有『晉樹績印』，故此稿本恐為謄錄評議本，而非最終定本。晉樹績，字撫辰，曲靖人，雅好收藏，1928年曾出任南寧縣高等小學校校長。

這裡需要說明的是，此志的編纂方法與傳統舊志有所不同，並未單純採用『卷目式』結構，而是將卷、章、節三者結合，以卷統章，以章馭節，這種結構的編排很明顯具有舊方志向新方志過渡的色彩。須知，清代方志纂修，基本秉持『志為史體』[一]的觀念，大多採用卷、門、目三級結構。這樣雖顯條分縷析，便於敘事，但亦有明顯弊端，那就是部分志書過分強調沿襲舊有體例結構，在內容取捨及剪裁上產生偏頗。故自民國始，新修志書的體例改革逐漸被提上議事日程，及至民國中期，『章節體』因『能完整地敘述歷史事件與歷史事件之間的聯繫，又能分門別類敘述多方面的史蹟，兼有編年體、紀傳體、紀事本末體的長處，而又能彌補其不足』[二]，故成為新修志書之主流。相較於『卷目式』結構，『章節體』更能完整地敘述有關事項及其之間的聯繫，並『能分門別類地講清有關問題，方法靈活，層次清楚，有利於把有關成果記述下來。同時，也便於讀者的閱讀和理解。』[三]而從《續修曲靖縣志稿》（民國稿本）一志的結構安排來看，其明顯受到新方志編纂理念的影響，但同時舊體志書色彩亦較為濃厚，故其結構安排中纔出現『卷、章、節』糅合並存的現象。而對於這一點，在此志的內容設置上也有體現，通覽全志，其內容設置大體如下：

卷一：第一章　地理

[一]（清）章學誠著、倉修良編：《文史通義新編》，上海古籍出版社，1993年版，第716頁。
[二]王嘉良、張繼定編著：《新編文史地辭典》，浙江人民出版社，2001年版，第345頁。
[三]沈松平著：《方志發展史》，浙江大學出版社，2013年版，第170頁。

第一節　沿革
第二節　治亂紀事（附兵事始末）
第三節　疆域
第四節　分野
第五節　災祥
第六節　山脈
第七節　河流（附名勝）
第八節　風俗（婚禮、喪禮、葬禮、祭禮、房舍、交易、稱名、歲時）
第九節　古蹟
第十節　古碑蹟
第十一節　冢墓（附漏澤園）

卷二：第二章　建置

第一節　城池
第二節　公署
第三節　學校
第四節　學額
第五節　學田
第六節　書院（義學附）
第七節　津梁
第八節　閘壩［附圩堤含（涵）洞］

卷三：
第九節　關哨
第十節　市集
第十一節　坊表（附園亭）
第三章　祠祀
第一節　壇廟
第二節　寺觀
第四章　賦役
第一節　戶口
第二節　田賦
第三節　經費
第四節　物産
第五章　官師
第一節　勳封
第二節　官制
第三節　職官表
卷四：第六章　人物
第一節　鄉賢
第二節　忠烈
第三節　宦蹟
第四節　孝義

卷五： 第五節 文學

第六節 隱逸

第七章 人物下

第一節 列女

卷六（未見細目）

卷七： 第二節 流寓

第三節 仙釋（方技附）

（第四節） 選舉

卷八：第（八）章 藝文

韻文 古近詩 五言古詩

卷九：第九章 藝文下

第一節 駢散文下（序記）

卷十：（藝文）

從以上所列可以看出，此志主要分為地理、建置、祠祀、賦役、人物、藝文等六門八章，每門之下再有若干節，每節之下則分記諸事。這種結構與傳統舊志編排並無二致，無非名稱不同而已。而實際此志所列諸節中，很多亦遵舊體志書定例。比如，『人物』門內所見列女、流寓、仙釋等；『建置』門內列城池、公署、學校、學額、學田、書院、津梁、閘壩等，均可謂傳統舊志之標配。惟此志因以節統篇，故在內容安排上更為靈活，如『學校』一節後緊附『學額』，並將『學田』單獨成節列出，使讀者能對曲靖的教育情況一目了然。另外，首章『地理』一門中，對於氣候、災祥、山脈、河流的敘述，盡可能引入了當時自然科學方面的調查結果，較舊志所論更具說服力。

當然，此志畢竟非最終稿本，因此錯誤、缺點在所難免，特別是在結構安排上稍顯雜亂。比如，卷三之第四章『賦役』部分列四節，中有『物產』一節，然所述卻雜入『風俗』條目。又比如，卷八之『藝文』部分收列朝駢散文，但章中又見有大量近體詩文收錄。另外，作為稿本，此志恐怕並非完本。比如，卷一之第一章『地理』部分共分十一節，其中第八節『風俗』本擬列婚禮、喪禮、葬禮、祭禮、房舍、交易、稱名、歲時等，但稿本中僅具標題而未見內容。同樣，第九節『古蹟』亦所述甚略。從此志書結構的邏輯安排來看，卷五之後，卷六至卷八本應同為『藝文』之『駢散文上』，且均應屬第八章所載，但此三卷稿本中並未見錄，而是直接接續卷九之第九章的內容。上述缺漏，此志中還有很多，恕不逐一列舉，研究者當可於原文中查證。

二、《文山縣志》（民國稿本）

重慶中國三峽博物館藏稿本，此志書今存二卷，竹紙線裝。行楷書就，每葉8行，行28字至31字不等。無封面，修撰、凡例、序跋、目錄等信息均無存，全志僅見『西南博物院藏書』印一方。不同於《續修曲靖縣志稿》（民國稿本），此志之修纂粗有記述，惜多顯語焉不詳，故至今不得知悉全志之要。

據叢刊編者查知，現有史料涉及此志之修纂者主要有四處：其一為2002年雲南省文山壯族苗族自治州地方志編纂委員會編纂的《文山壯族苗族自治州志》。該志第六卷『人物傳略』部分記文山縣舉人陳價事時有載，言其曾『倡修《文山縣志》，惜未竟而謝世。』[一]其二為雲南省施甸縣志編纂委員會編纂的《施甸縣志》所載。該志記李郁高事云，『二十三年（1934年）初，（李郁高）主持編修《文山縣志》，歷時兩年纂成。』[二]其三為《文山壯族苗族自治州志》所載龍開甲事所涉。『民國三十一年（1942年），縣長李墉為前任纂修《文山縣志》，志稿雖成而苦於無錢付梓，相商於龍，龍即慷慨捐出國幣1.5萬元以為印費。民國二十五年（1936年），龍徵得

[一] 馬正元主編：《文山壯族苗族自治州志》，雲南人民出版社，2002年版，第153頁。

[二] 雲南省施甸縣志編纂委員會編：《施甸縣志》，新華出版社，1997年版，第633頁。

縣長同意後，秉烈、露結、紅甸三鄉自馬塘析出，成立第七區，縣政府委龍任區長。同年，《文山縣志》脫稿，原編8卷，現存6卷7本及大事記共8本。同年，麻栗坡特別區對汛督辦為避免徵兵時邊民流入越南，呈請省府緩徵兵，省府允。』[一]其四為方國瑜先生所著的《雲南史料目錄概說》一書所記，『《文山縣志》，民國初年纂輯，雲南通志館藏抄本。按一九三八年冬，瑜入通志館任編纂時，曾記館藏志目錄有四十餘種，迨館結束，所有圖籍移交圖書館。今取舊時之目校對，諸本悉在，惟已無《文山縣志》，不識何時失去。』[二]

綜合以上四處材料所反映的信息，大體可以初步得出如下判斷：《文山縣志》（民國稿本）初由文山縣舉人陳價宣導修纂，但事未竟而身死。後由文山縣縣長李郁高主其事，於1936年修成脫稿。因無錢付梓，繼任縣長李墉於1942年乞當地士紳龍開甲捐國幣1.5萬元助印，但錢雖捐而事終未成。此志最終無印本流傳，僅以稿鈔本傳世。1938年冬，也就是志稿修成之第三年，方志學家方國瑜入雲南通志館任編纂時曾目睹此志稿本，但後來再入滇，『諸本悉在，惟已無《文山縣志》，不識何時失去。』後再據《文山壯族苗族自治州志》纂者所考，此志『原編8卷，現存6卷7本及大事記共8本。』也就是說，該志稿本於雲南所藏今僅六卷，缺二卷。

對於雲南所存卷帙的內容，1999年文山縣志編纂委員會在編纂《文山縣志》時，於『晚清民國』部分多有引錄。據該志所引，大體包含地理、官制、宗教、民俗、物產、民族、大事記等。而2016年雲南文山學院組織點校出版的《民國〈續修文山縣志〉點註》一書凡例中提到，『根據《縣志》第一卷總目錄，該書稿是參照道光《開化府志》的體例組織修纂的，計劃全書分為十卷，依次輯錄圖像、建置、山川、賦役、官制、學校、人物、戎政、風俗、藝文十個方面的資料，從我們手上現有的《縣志》稿本看，全書稿共分八卷，但卻沒有第五卷、第六卷的內容，對照原稿總目錄，大致是缺少山川、人物、戎政等方面的內容。另外，有兩個第四卷：第一個第四卷，內容是與學校有關的內容，涉及學校、歷代尊崇孔子考、廟學、禮器、陳設、樂器、樂章、祀事、關岳、忠烈、五子、教育、

[一] 馬正元主編：《文山壯族苗族自治州志》，雲南人民出版社，2002年版，第164頁。
[二] 方國瑜著：《雲南史料目錄概說》，中華書局，1984年版，第712頁。

典禮、書籍、儀器。第二個第四卷，則是較為龐雜，包括詩歌、墓志，以及需要採訪的問題等，估計還未經過分類、整理。』[一]可以說其內容是較為雜亂的。2017年中共文山市委、文山市人民政府主持出版《民國文山縣志點校》一書，將內容厘定為九卷，並重新命名。惟上述各版本在點校過程中均未能引錄重慶中國三峽博物館所存之二卷（含『建置』門、『山川』門及第某卷[二]之『人物』門），殊為遺憾。另外，重慶中國三峽博物館藏《文山縣志》（民國稿本）『建置』門內有多處提到『今縣長李郁高』，故有理由相信，其或正是《文山壯族苗族自治州志》中所稱缺失部分。

今觀重慶中國三峽博物館藏二卷之內容，其中『建置』門下設置沿革、城池、倉庫、公廨、坊表、院所、亭榭、古蹟、金石、塚墓、造像、匾額、寺觀等目；『山川』門下設置山脈、水系、名勝、橋梁、道里、交通、區鄉等目；另外一卷『人物』門下則有科舉、學校、鄉飲、選舉、名宦、鄉賢、忠烈、孝友、宦蹟、封蔭、文學、武功、耆隱、方技、仙釋、流寓、善良、男壽、女壽、貞烈、節烈、節孝、節壽等目。

就現今寓目之二卷體例來看，《文山縣志》（民國稿本）修纂雖晚於《續修曲靖縣志稿》（民國稿本），但是該志少有創新，體例安排一依清志。僅以『學校』目為例，據新纂《文山縣志》記載，文山縣於『民國六年（1917年），遵照新學制規定，學堂改稱學校，縣城設三所高等和一所初等小學校，並在明倫堂創辦了第一所女子初等小學校，農村有12所小學校。縣勸學所統管東、西、南、北四學區，設勸學員9人。民國十二年（1923年），全縣共辦29所高、初等小學校。由於地方動亂，時辦時停。民國十五年（1926年）地方稍安，學校復課，學生入學日漸增加。城區學校因升學銜接失調，故將三所高等和兩所初等小學合併分設為四校，其中三所完全小學，一所初等小學。民國十九年（1930年）和民國二十年（1931年），遵照省教育廳訓令，積極興辦義、民兩教，取締私塾。經籌措經費，培訓師資，選擇寺廟、公房作校址。全縣劃為八個學區，合理佈局，擴大國民學校和民辦學校。全縣共

[一] 楊永福、冉庚文點註：《民國〈續修文山縣志〉點註》，天津古籍出版社，2016年版，第1頁。

[二] 此卷稿本於卷數處留空格，故本文以第某卷代之。——編者註

建小學164所，超過省下達的指標，省政府傳令嘉獎，發給獎金2500元，並頒給「文石騰輝」匾額。縣長李郁高，又獎給遍行農村興辦學校、飽嘗艱辛的縣督學歐陽宗「義教勤勞」匾。民國二十二年（1933年），城內四所小學合併，一、二校為興華小學，三校為啟秀小學（女生），四校為毓材小學（男女合班）。』[一]可以看出，清民易代之後，文山縣學制發生很大變化，從學者日眾，辦學層次亦日漸提高，教育規模即於雲南省內亦可謂名列前茅。但《文山縣志》（民國稿本）於此目中僅列本貫內周崧、劉祖武、朱紹曾等入高等學校者數人，於本縣學校、人才全未涉及，且該目所加按語述學校源流時，多言科舉及舊體官學情況，而對民國以後學校之制略而不言，僅謂『（光緒）二十九年（1903年）科舉停，專辦學校。科舉所得人才，錄至歲貢生止，學校所得人才，錄至大學畢業與大學畢業有同等資格者為止。』實際上，這祇不過是撰者所備註的編選範圍而已。當然，雖存上述缺憾，客觀地說，該志於保存文山一地史料方面，價值還是極大的，同時此稿本本身亦具有重要的文物及文獻價值，值得研究者所珍視。

需要註意的是，據我們的有關研究，民國《文山縣志》的修纂時間跨度實際很長。雲南文山現存稿本的內容從1928年始至1950年止[二]，而重慶中國三峽博物館收藏的稿本殘卷最晚也提到『三十八年十二月』『三十九年九月』之事。我們考慮到這部分內容較少，且時間較短，不影響方志主體部分撰成於民國時期的事實，因此在影印整理過程中不作另外的區分，志名仍定為《文山縣志》（民國稿本）。

三、《重修昭化縣志》（清鈔本）

昭化縣（今四川廣元昭化區）隸屬四川廣元，據史書記載，該縣古無志書，康熙三十五年（1696年）貢生吳珍奇（字苞符）始纂輯修志，康熙五十七年（1718年）志成，前後歷時二十二年。其間，苟翰俊亦襄與厘定。甫成，

[一] 文山縣志編纂委員會編纂：《文山縣志》，雲南人民出版社，1999年版，第647頁。
[二] 冉庚文等點校：《（民國）文山縣志點校》，雲南人民出版社，2017年版，第10頁。

吴珍奇卒，該志未能梓行，僅有鈔本傳世。此志主要收載山川疆域、沿革、官師人物、風土物産、學校祀典、古蹟祠寺等門類，僅兩萬餘字，較簡略，於唐宋時期及明末之部分史料略具價值。但總體來説，此志錯訛較多，文辭生澀。因此，至乾隆五十年（1785年）縣令李元到任，再度倡修縣志，「命各房吏書撿數十年案牘，分類編次，具得事理之本末。而山川、景物、風土、人情，日召父老恭詢之，或公餘踏勘，徵於目睹者為多，其舊志與他紀載相近者，略為考核，以成一家之法。别《土地》《人民》《政事》三篇，從陸稼書《靈壽》例也。《藝文》附本事下，從康對山《武功》例也。述土産名狀而常産不備書，從范石湖《虞衡》例也。同時，年近諸寅好及邑人善績不書，從楊升菴《蜀藝文》例也。徵引必標書名，採訪人具載姓氏，從各註疏家例也。瑣屑事書之，從各志外紀例也。載考志乘家，山不載形勢，水不載源流，古蹟不加考訂，用發新例，備書之。」[一]應當説，李元所修《昭化縣志》是昭化歷史上第一部體例完備的方志，其開創之功，不可不倍加褒譽。但是該志的缺點也很明顯，「舛錯頗多，文過乎質」（《重修昭化縣志序》張紹齡語）。且該志倡修於乾隆丙午（1786年），至道光年間再議修志時，已曆近六十年，「其間制度屢更，賢哲輩出，亟宜廣為搜羅，補所未備。」正是針對上述問題，道光二十五年（1845年）時任知縣張紹齡再度主持編修志書，「乃取《通志》《府志》與各房舊牘詳加校訂其邑中往事與夫土風物産之彰彰可傳者，更與二三同人相商榷。」如此，則「太初（李元）縣志未確者，更正之；未備者，補輯之」，名之為《重修昭化縣志》（以下簡稱「道光志」）。此志成書後，曾雕版付梓，但流傳不廣。又十餘年，楚南曾寅光為官昭化，其於公餘，偶閲舊志，認為「志經張公修後，已十餘年，鼠嚙蠹吞，殘缺在所不免，而此十餘年中制度之變更，賢哲之挺出，又知幾許耶，不亟為搜羅，是猶金在沙而不披，玉在石而不琢也。」於是曾寅光再組志局，「於殘缺者補之，又採近日人物之彰彰可傳者而增訂之，分類編次，以成全璧。爰命邑貢生王永仁等採訪、參校，共襄厥成，付諸梨棗」（《復修昭化縣志序》曾寅光語）。[二]這樣「道光志」纔得以增

[一]（清）李元：《昭化縣志原序》，湖北省人民政府文史研究館、湖北省博物館編著：《湖北文徵》第八卷，湖北人民出版社，2000年版，第238頁。

[二] 上引文字均見諸《重修昭化縣志》（清鈔本）所録舊序。——編者註

修完成並大規模刊刻。今天我們最常看到的就是這部同治間增修的『道光志』了，而重慶中國三峽博物館收藏的鈔本《重修昭化縣志》也正是這部志書。

據志中所列目錄，同治增修的《重修昭化縣志》共計四十八卷，目次如下：卷一『天文志』，其下有分野一門；卷二至卷十六『輿地志』，其下有沿革、疆域、形勢、風俗、山川、城池、關隘、堤堰、津梁、公署、街巷、里鄉（場市附）、祠廟（寺觀附）、陵墓、古蹟諸門；卷十七至卷二十二『食貨志』，其下有蠲賑、田賦、倉儲、雜課、戶口、物產等門；卷二十三至卷二十五『學校志』，其下有學校、典禮、書院（鄉學附）等門；卷二十六至卷二十九『武備志』，其下有防守、兵制、驛傳、鋪遞等門；卷三十至卷三十四『職官志』，其下分縣令、丞簿、教諭、訓導、典史等門；卷三十五至卷三十八『選舉志』，其下分進士、舉人、貢生、吏監、武科等門；卷三十九至卷四十五『人物志』，其下分忠義、孝友、行誼、隱逸、列女、仙釋、流寓等門；卷四十六『紀事志』，其下有紀事一門；卷四十七至卷四十八『雜類志』，其下有紀聞、祥異兩門。

與刻本相比，重慶中國三峽博物館藏鈔本《重修昭化縣志》主要有如下特點：

（一）此鈔本卷首目次與刻本不同。刻本縣志先載道光乙巳張紹齡《重修昭化縣志原序》，其後接乾隆間李元《昭化縣志原序》，再後依次為同治間《重修昭化縣志職名》、道光間《重修昭化縣志職名》、《昭化縣志原修姓氏》、《復修昭化縣志序》。而鈔本志書則不同，將曾寅光《復修昭化縣志序》放到了李元《昭化縣志原序》之後。此外，鈔本還將同治間《重修昭化縣志職名》放於纂修姓氏表之後。

（二）此鈔本實際卷數與刻本不同。雖然鈔本於卷首目錄中亦寫作四十八卷，但正文實為四十九卷。所多者為卷四十二『人物志』之『隱逸』門後另列卷四十三『義夫』門。此門所載僅一人，『雷輿儒，年十七，娶妻吳氏，至二十四歲而妻歿。遺二子養健、養益，守義不變，誓不續弦，以訓蒙為業，孫襄舉附貢生。鄰里咸稱其義，以為品行端方之報。』此卷之後，卷數遞增，直至卷四十九。而四十九卷之後，再無刻本中所附跋文。

（三）此鈔本書風與刻本近似，每半葉行數、每行字數亦同。另外，刻本、鈔本均有避康熙、乾隆、道光帝諱，惟同治帝諱不避，這恐與此志修於同治之初有關。此外，鈔本中所存些許誤字、訛字，均在刻本中未見。

基於以上種種蹟象以及鈔本多出的志文內容判斷，重慶中國三峽博物館藏鈔本《重修昭化縣志》當書於刻本付梓之前，或為志書修成之後的謄録本。

四、《蜀藝文志》（稿本）

有關巴蜀藝文著述，最早當推宋人袁説友所編的《成都文類》。該書共五十卷，所收作品上起西漢，下至宋孝宗淳熙年間，共一千餘篇，內容則為歷代文人對蜀中尤其是成都山川風物、文物古蹟、風土人情的詠贊。該書搜採範圍頗為廣泛，保存了大量當時所能見到的珍貴資料，其涉及範圍遍及全蜀，具有很高的文獻價值。後至明代嘉靖年間，又有楊慎所編的《全蜀藝文志》，該藝文志是明嘉靖二十年（1541年）楊慎於流放途中返蜀時，受時任四川巡撫劉大謨所邀編纂《四川總志》的一部分，後單獨刊印成冊，定名《全蜀藝文志》，共六十四卷，『博採漢魏以降詩文之有關於蜀者，匯為此書，包括網羅，極為賅洽。』[一]《全蜀藝文志》共收有名氏的作者630人，詩文1873篇，按文體編排，以時間先後為序，是截至明代蜀中最為全面的一部藝文類書。故清人朱彝尊言：『楊文憲公慎《全蜀藝文志》所由本也，自楊氏《志》行，而袁氏之《文類》束之高閣矣。』[二]而清人李元度在《天岳山館文鈔》中亦言：『藝文若專録篇章，則自楊慎《全蜀藝文志》始也。』[三]可見楊慎之作影響之大。在楊慎之後，萬曆末，又有杜應芳所編的《補續全蜀藝文志》五十六卷，主要搜輯元、明詩文，包括楊慎直至杜應芳等人的作品。此書連同楊慎之作合在一起，於巴蜀藝文可謂蔚為大觀。入清以後，有關巴蜀藝文的大型類書再未編排，相關藝文僅收録於雍正、嘉慶兩部《四川通志》之中。

[一] 王文才著：《楊慎學譜》，上海古籍出版社，1988年版，第238頁。
[二]（清）朱彝尊：《曝書亭集》卷四四，康熙五十三年（1714年）朱稻孫刻本。
[三]（清）李元度：《天岳山館文鈔》卷三九，光緒六年（1880年）刻本。

重慶中國三峽博物館藏稿本《蜀藝文志》，共三冊，不分卷，不署著者名姓。此稿本以巴蜀地域內行政區劃為綱進行編排，每一州縣下則以時間為線索匯入本地歷代著作、卷數，並署撰者名姓，除此之外別無其他信息。故此稿本更似一舊本蜀籍經眼錄，抑或是為續修蜀地藝文志所編的前期蜀人著作目錄。

今檢視此志書，其所收錄的蜀人文獻最早起自漢唐，但以明清人文集、雜著等為主，其中尤詳於清代，所記最晚至光緒末。如書中所錄的《夢雪月齋詩抄》，該書為萬縣謝詩純所撰，謝詩純於光緒二十一年（1895年）署雲南寧洱縣知縣，後歸鄉專心著述，撰成此書。由此可初步推斷，《蜀藝文志》（稿本）大約成書於清末民初時期。又，書中於『胤』『弘』『寧』『淳』等涉及清帝名諱者，皆嚴加避諱，此則更證是書應系於這一時期。

值得一提的是，此志書至今未見著錄於任何目錄學著作之中，亦未見於此前古籍普查名目。此志書中的內容雖較為簡略，但對蜀地文獻名目的保留，特別是對明清蜀人著述的記載，有助於我們以之為線索，對相關人物展開某些研究。同時，它也為我們進一步瞭解明清巴蜀學術概貌提供了一條便捷的探索路徑，其價值可謂頗大。

五、《國朝全蜀貢舉備考》（鈔本）

重慶中國三峽博物館藏鈔本，共四冊，九卷，前有光緒九年（1883年）宜賓趙增榮所撰《國朝全蜀貢舉備考序》，其後有同治九年（1870年）綿州孫桐生撰《國朝全蜀貢舉考要原序》。

有關此書寫作緣由，孫桐生之序中有言，『蜀距京師五千餘里，士之懷奇蘊才，和聲以鳴國家之盛者，雖不逮江浙大省，然沐浴膏澤，涵泳聖涯，由此登膴仕而建勳閥者，按籍以求，亦自大有人在。爰廣為採輯，自順治丙戌迄同治戊辰二百餘年，凡邦人士膺斯選，及登賢書者，按科紀載，名曰《全蜀貢舉考要》。庶已往之姓字，炳然如新，俾後之覽者，指而可數，曰：某以德行著，某以功業顯，某以文章詞翰稱。蓋非第得科名之難，而不負科名之為難也。』

孫桐生，字小峰（亦作筱峰），四川綿州（今四川綿陽市）人，史載其幼英敏，讀書一目數行，一覽不忘。

孫氏故世家，多載籍，頗恣披誦。咸豐元年（1851年）恩科舉人，聯捷進士，選翰林院庶起士。次年散館，授湖南安仁縣知縣。咸豐七年（1857年）充湖南鄉試同考官，得黃錫燾、王先謙、唐樹南等，皆名士。差竣，委署酃縣，繼署安福，均以小邑經亂，撫綏得理，民頌其德。後桃源大亂，上司急檄調桐生任知縣。涖任後首惡正法，惡俗頓變。惲次山[一]中丞奇其能，破格保升永州府知府。光緒六年（1880年）改署郴州（今屬湖南省），嚴治豪猾，誅斬盜賊，刁風漸革，循績蔚然。卸郴任後，到省乞假回籍。時綿州治經書院甫立，延主講席，學徒鱗萃。生平著述頗多。屢出宦橐為鏤版資。著有《未信編》二卷、《未信續編》二卷、《未信餘編》二卷、《永鑒錄》二卷、《永州府題名記》一卷、《郴鑒錄》一卷、《郴案日記》一卷、《湘中時政記》一卷、《國朝貢舉考要》四卷、《楚遊草詩》四卷、《臥雲山房文鈔》二卷。輯選《明臣奏議》十二卷、《國朝全蜀詩鈔》六十四卷、《熊襄愍公集選》二卷。又校刻《吳吳山三婦合評牡丹亭》二卷、《彈指詞》一卷、《憶舊詞》一卷、《妙復軒評石頭記》，皆為之序。《綿陽縣志》有傳。[二]

對於《國朝全蜀貢舉備考》的體例，『例言』中敘述較詳，『是編以一朝為一卷，不分鄉會試，祇以舉行之年為斷，共計九卷，始順治二年（1645年）乙酉，至光緒九年（1883年）癸未，以後三年一續刻。』孫桐生初撰是書於同治九年（1870年），至光緒時，趙增榮有感於自己『備官詞曹』，遂於『暇輒蒐補，三閱歲而始成，其同治戊辰以後各榜一例續之。凡登甲諸公仕履暨掌故遺聞之有關貢舉者，並撮附於編，名曰《全蜀貢舉備考》』。

應當說，《國朝全蜀貢舉備考》是孫桐生、趙增榮二人接力完成的，並於趙氏成稿後，由京都敘郡會館付梓刊印。今國家圖書館、上海圖書館等所藏即為該刻本。

重慶中國三峽博物館藏鈔本正書錄就，鈔紙界格分明，半葉10行，滿行22字，左下角有『四川叢書』字樣。我們由此認定，此鈔本恐為《四川叢書》之整理零本。據記載，清末民初時期，樂至謝無量提出了『刊行蜀鄉先

[一] 即惲世臨（1817—1871年），字季咸，號次山，江蘇陽湖（今常州）人，道光進士，累遷長沙知府、岳常澧道、湖南巡撫。——編者註

[二] 以上俱引自《巴蜀歷代文化名人辭典》編委會編著：《巴蜀歷代文化名人辭典》（古代卷），四川人民出版社，2018年版，第380頁。

輩遺書，名曰《蜀藏》。並廣徵蜀中私家著述，為之表章』的設想。之後，新津胡淦、資中游運熾在民國六年（1917年）以『存文獻、厚蜀風』為宗旨，發起編纂《四川叢書》，歷經四載，胡淦編成《四川叢書採訪書目》，得漢至清川人、遊宦、流寓、方外、婦女等各類人士近兩千人的著述五千餘種，供訪書、選書之用，但書目編成後，因經費短缺，叢書的編輯工作沒有進行下去。據上述記載推斷，重慶中國三峽博物館所藏鈔本即《四川叢書》之零本，故當鈔錄於民國初期，即或言此鈔本為民國鈔本無疑。從鈔本正文來看，鈔本所據為該書刻本，二者內容基本一致，但是鈔本中又有一些考校文字，字體、字風迥異，恐是《四川叢書》編者所加，這是刻本中所沒有的，而這對於我們全面認識《國朝全蜀貢舉備考》一書，瞭解其版本流傳、內容特點等，無疑是有積極意義的。

六、《漢代的重慶》（稿本）

《漢代的重慶》一書是民國時期著名歷史學家、考古學家、古錢幣學家、博物學家、文化人類學家衛聚賢先生有關巴渝歷史的代表性著作。

衛聚賢（1899—1989年），字懷彬，號介山，又號衛大法師，甘肅慶陽人。民國十六年（1927年），畢業於清華大學國學研究院。其後歷任暨南大學、中國公學、持志大學教授。民國十七年（1928年），任南京古物保存所所長。民國十八年（1929年），參與發掘南京明故宮遺址。民國十九年（1930年），主持發掘南京棲霞山三國時期墓葬，並致力於江浙古文化遺址調查。民國二十四年（1935年）春，參與常州淹城遺址調查，同年秋參加上海金山衛戚家墩古文化遺址考察研究。民國二十五年（1936年），擔任新成立的上海中國古泉學會評議。同年八月任吳越史地研究會總幹事，主編《吳越文化論叢》。民國二十六年（1937年），上海市博物館落成後，受聘擔任設備選購委員。民國二十九年（1940年），與郭沫若、沈尹默、盧作孚等數十人發起成立巴蜀史地研究會。民國三十二年（1943年），在重慶任『說文社』理事長，主編學術期刊《說文月刊》。民國三十八年（1949年），離開中國內地，歷任香港珠海、聯合、聯大、光夏、遠東、華夏等書院的教授，香港大學東方文化研究院研究員，臺灣輔仁大學教授。其著作有《中國考古學史》《中國考古小史》《古史研究》《中國社會史》《古今貨幣》《古器物學》《臺灣山胞由華西遷來》等。

《漢代的重慶》文稿最早刊登在1941年第3卷第4期《說文月刊》上。這篇文章以史料為據，詳細介紹了重慶的得名、民族構成、山川形勝、人文歷史等，足可視作《重慶通志》的提綱和輪廓。

從當前的學術研究視角來看，《漢代的重慶》一文中，衛聚賢提出的有些觀點仍存可商榷之處，有些說法更是完全站不住腳，但其利用規範的學術話語對重慶歷史研究的開創之功則是不容抹煞的。如衛聚賢說重慶得名於宋代，『重慶是宋孝宗淳熙十六年八月，即西曆一一八九年，距今七百五十一年時，由恭州改的。由於宋光宗初封在恭州為恭王，於孝宗淳熙十六年二月即帝位，因於斯年八月改恭州為重慶府，他是以封為恭王就可以慶了，由恭王而即帝位，可謂為重慶了。』對於衛聚賢的這種說法，後人概括為『雙重喜慶』說。雖然此說至今爭議很大，未成定論，但衛聚賢畢竟是以嚴謹的文獻考據結合專業的史事梳理得出的結論，其論述過程無疑是值得肯定的。

衛聚賢精通歷史，又勤於鑽研、耙梳。因此他對重慶民族史研究的一些看法，多富有新意。如對於巴人的民族問題，衛聚賢認為巴人或屬於苗民之一種，並以巴人能歌善舞而證明之：

《後漢書·南蠻西南夷列傳》云：『閬中有渝水，其人多居水左右，天性勁勇，（初為漢前鋒，數陷陳。）俗喜歌舞，高祖觀之，曰：「此武王伐紂之歌也。」』按：武王伐紂之歌，《華陽國志·巴志》云：『周武王伐紂，實得巴蜀之師，著乎《尚書》。巴師勇銳，歌舞以淩殷人，前徒倒戈。故世稱之曰：「武王伐紂，前歌後舞也。」』按：《尚書·牧誓》衹言武王伐紂率庸、蜀、羌、髳、微、盧、彭、濮八國人，未有巴人。但《漢書·禮樂志》載，郊祭樂有巴俞（渝）鼓員，顏師古註云：『高祖初為漢王，得巴俞（渝）人，並矯捷善鬥，與之定三秦，滅楚，因存其武樂也。』又按：《楚辭》載宋玉文有『客有歌於郢中者，其始曰《下里巴人》』，國中屬而和者數千人。』是古代巴人善於歌舞，而目下苗民亦長於歌舞，而且是且歌且舞的。殷本苗人，見於我《古史研究》第三集《中國民族之來源》。武王伐紂率有苗人，在陣前歌舞，於是前徒倒戈。此與漢高祖圍楚霸王於垓下，因霸王所率者為楚人，而漢高祖以所率巴俞（渝）人作『四面楚歌』，楚人亦以其同族不宜互殘，因而楚霸王之部下瓦解。由此而論，巴人本為苗民之一種。

在《漢代的重慶》一書中，在論及秦漢魏晉時期巴郡的人物時，衛聚賢統計出的人物共二百四十九人，其於文中說道：『重慶江北的漢墓，或者在這二百四十幾人有名的人物中，有一二人在內？況王咸、李權、羅尚、皮素死於巴郡是有明文的。』實際上，衛聚賢為了弄清漢墓中的人物，是從傳世文獻中特地找出巴郡的全部重要人物，進行逐一比對。這種治學態度是非常值得我們借鑒學習的。

重慶中國三峽博物館所藏《漢代的重慶》手稿是衛聚賢該文的底稿。關於此稿的撰寫時間，手稿上沒有任何明確的記載，但是我們從董大中所著《衛聚賢傳》的梳理來看，時間當在1940年3月前後。據記載，1939年8月底，衛聚賢奉命前往重慶，其所創辦的《說文月刊》也一併遷渝辦刊，但因諸事耽擱，至當年冬天纔得抵達。『到一個地方，首先從資料上接觸這個地方，認識這個地方，是史地學家的習慣，對衛聚賢來說，更是必備的功課。四川在秦代以前有兩個大國，一為巴，在重慶，一為蜀，在成都。巴國的古史有《山海經》、《華陽國志》的《巴志》等書。其地靠近秦楚，故《左傳》有片斷記載。蜀國的古史，見於《尚書》《蜀王本紀》《蜀論》及《華陽國志》的《蜀志》。不過這些古史既不詳盡，且多神話，因而在人們看來，巴蜀古代沒有文化可言。衛聚賢着手寫一篇《漢代的重慶》。』[一]而至次年3月28日，他與友人遊覽北碚北溫泉後，終於寫完文稿。

重慶中國三峽博物館今存《漢代的重慶》文稿共56葉，半葉10行，滿行26字。稿紙為中央銀行信箋，因彼時衛聚賢為中央銀行秘書處書記，故得書於此。此文稿不但讓我們一睹衛聚賢遺墨，而且所存大量批改之處使我們能夠通過與排印本之發表文字相對照，一窺衛氏撰寫過程中的思想印蹟。如首節擬名，《說文月刊》所載為『重慶的命名』，而從底稿來看，起初，該節文字名為『重慶名稱的由來及變化』。又比如，第二節『古代巴國』部分，其下第二部分名『古代史』，稿本原擬為『遠古、上古的巴國古代史』，這或許是為了與第三部分『秦漢魏

[一] 董大中著：《衛聚賢傳》，三晉出版社，2017年版，第215頁。

晉時巴郡的歷史』相呼應，但是恐因遠古材料極少，上古部分亦主要討論春秋史事，故將題目直接删改為『古代史』三字，以使內容更為明快。總之，重慶中國三峽博物館所藏衛氏《漢代的重慶》文稿，是真正意義上作重慶古代歷史研究的開篇之作，無論對於具體問題的討論，還是學術觀點的呈現，至今仍深深影響着巴渝史壇，對其原稿的發掘影印，價值無疑是巨大的。

七、《四川崖墓略考》（稿本）

《四川崖墓略考》文稿撰於民國三十年（1941年），最早全文發表在《華文月刊》1942年第1卷第6期。作者為楊枝高。楊氏本業為醫生，華西大學醫科畢業，1939年到四川樂山任仁濟醫院院長兼外科主任。楊枝高雖非專業考古學家，但在從醫之餘，潛心於文物考古，成就頗多。除了本稿之外，他還撰有《聲韻學》《訪邛崍十方堂古窯記》等。

對其所作所為，著名考古學家鄭德坤曾評說道：『吾國人士對於崖墓之調查以楊枝高氏為端始。楊氏業醫，久居嘉定，對於古蹟素極註意，民國二十六年（1937年）以來調查崖墓尤不遺餘力，家藏石棺浮雕數種，均為珍貴作品。近又親至各地調查，由成都北至廣元，由廣元沿嘉陵江達順慶，由蓬溪、簡陽回成都，後由成都沿岷江、彭山，至樂山，所經二十餘縣，凡遇石洞必留意其造作，著《四川崖墓略考》一文，刊《華文月刊》第六期，並詳記在樂山柿子灣所見石窟之形制以為代表。楊氏所記崖墓係依天然紅沙崖石鑿成。前為墓章，高十九尺半，寬四十六尺八，下有門三道，高十尺半，寬八尺一，深八尺三。由三門直入冥堂，高十尺半，寬四十四尺七，深十五尺半。冥堂後壁有墓穴二，構造相同，由穴口至穴底長九十二尺半，穴口高六尺六，寬六尺一，第一穴門高五尺八，寬四尺；第二穴門高五尺二，寬三尺八；穴底高七尺三，寬七尺。第二穴門後左側有棺室二所，右側有壁廚一，灶案廚一；櫃室二所及石櫃一具。墓穴頂旁左右各有八孔相對，前至後距離約六尺。楊氏查墓章乃墓之標識，脫影於宮室；冥堂即大庭；墓穴即藏屍之處。有二門已封閉，內置瓦棺、石櫃、灶案以及各種陶制明器等。

楊氏亦以崖墓為漢代作品，且舉四事以證之。墓章所刻瓦當、節機，儼然秦宮之脫化，洞壁所刻圖畫，斗拱之間襯以人物、走獸、飛鳥，古樸有致，較之武梁祠、孝堂山及南陽殘石，其作風實有過無不及，是崖墓刻畫為漢浮雕，一也。樂山崖墓多無年款，有者又多剝落難辨，楊氏於民國二十七年（1938年）見新津出土崖墓石柱有永建三年（128年）款識，為東漢順帝時遺物，二也。墓中發現之瓦棺、土俑、羽觴、瓦屋、洗盤、雞鴿、馬羊虎等皆係陶制無釉；新津出土陶器間有塗深綠釉者；其所着圖案均可擬為漢物，三也。蘊真洞、篦子街、白塔山、張公橋等處隱見冥堂壁重刻多數佛像，多為唐或唐以後之作品，惟淩雲山後麻濠（浩）崖墓中刻有一小像，高一尺，着僧衣，結跏趺坐，頭現佛光，右手舉降魔印，左手執一拂塵，為佛教來華未久之作品，可借此以證崖窟為漢代四川所開鑿者，四也。』[一]鄭德坤先生以上概括之語，可以說使此稿的價值一覽無餘。

總之，儘管楊氏自言『予一業醫者，雖好古而非專家』，但該文稿所達到的學術水準仍讓同時代的考古學家們讚不絕口，其中如商承祚、吴金鼎、尹子文等人更是因此文與之相熟，交往甚密。特別是文中首次披露了麻浩崖墓的石刻坐佛，為中國早期佛教史的研究提供了極其重要的線索。

1952年，楊枝高去世，其所遺留的上百件文物、古籍相繼被其遺孀及子女無償地捐獻給了各收藏單位。重慶中國三峽博物館所藏《四川崖墓略考》稿本即源於此。今存文稿字蹟工整，多有作者自校之處，文辭精煉，議論順達。通過閱讀此稿，楊氏深厚的學術功底可見一斑。

八、《彭山崖墓建築》（稿本）

重慶中國三峽博物館所藏《彭山崖墓建築》手稿為著名建築學家、建築史學家、中國營造學社成員陳明達考察彭山崖墓後形成的研究報告，正文共計130頁，另有所繪素描稿、平面圖、舊照片等若干。稿件書寫於中國營

[一] 鄭德坤著：《鄭德坤古史論集選》，商務印書館，2007年版，第315頁。

造學社稿紙上，封面書有『崖墓建築——彭山發掘報告之一』字樣。文稿上多有塗改、修訂之處，『緒論』部分有陳明達的簽名。

據記載，1940年，中國營造學社與國立中央博物院籌備處、中央研究院歷史語言研究所共同遷至四川南溪李莊，建築史學家們與考古學家、歷史學家間的聯繫頗為密切。是年，國立中央博物院籌備處、中央研究院歷史語言研究所聯合成立了『川康古蹟考察團』，由吳金鼎任團長，並自1941年6月起，對彭山縣江口鎮附近的崖墓進行發掘，共發掘崖墓77座，磚室墓2座。時為中國營造學社成員的陳明達受邀參與了此次發掘工作，並對各墓進行了詳細的測繪和攝影記錄。彭山崖墓的考古成果曾由曾昭燏先生擬定了系列專題報告編寫計劃，但由於歷史的原因，此次考古所得的出土文物後由國立中央博物院（即今南京博物院）保存，崖墓拓片由南京大學圖書館收藏，崖墓建築測繪圖等則由陳明達保管。直至1991年，纔由南京博物院完成了《四川彭山漢代崖墓》報告，內容約相當於原擬編寫之報告的綜述部分，且南京博物院在編訂該報告時，並未找到陳明達先生繪製的大量崖墓建築測繪圖，衹找到M460、M167、M176的圖紙作為典型材料納入該報告。因此，關於四川彭山漢代崖墓的建築空間與建築裝飾的記錄非常欠缺。

陳明達關於彭山崖墓建築的研究報告約於1942年完成。據重慶中國三峽博物館龔廷萬先生回憶，1954年春，其被派往北京參加當時文化部主辦的『第二期古建築實習班』，學制一年，時羅哲文、陳明達等為授課教師，主要講授『中國古建築史』等課程，雙方由此熟識。『文化大革命』結束後，文化工作恢復正常，陳明達先生遂將自己所保管的彭山崖墓資料盡數轉交龔廷萬，謂『四川之物，可由四川之人保管』。後來，龔廷萬再將這些資料交由重慶市博物館保存。

2002年，經陳明達外甥殷力欣整理，這些文稿與部分圖紙分別在2002年出版的《建築史論文集（第17輯）》（清華大學出版社）、2003年出版的《建築史（第18輯）》（機械工業出版社）上發表。但由於當時整理方式的局限，以及資料搜集範圍的限制，整理稿並不能完全反映陳明達書稿的原貌，因此，對其手稿進行影印出版仍然較為必要，且在某種程度上而言，價值更大。

從現存手稿文字來看，陳明達重點對彭山崖墓的如下幾個問題進行了討論。首先是崖墓的建築空間。他按照分析地面建築的模式，從平面、剖面、立面的角度分析崖墓建築空間的組織。除了墓內空間，他還特別重視墓葬祭祀空間的整體性，關註了墓外設置的壇、穿（壇後崖面設置的橫穴）、穴（與地面垂直之穴）、水溝等遺蹟。其次是崖墓的仿木構形制。他針對崖墓仿木構建築信息中表現的大木作和瓦作進行了重點討論。在大木作部分，他一開始即分析了由斗栱（拱）所反映的材分制度，進而在討論斗、栱（拱）、柱的分件作法特徵之後，分析其反映的結構組合方式。在瓦作部分，他分別討論了磚、瓦兩類構件的大小、種類和鋪砌方式。再次是建築裝飾及雕刻。陳明達討論了崖墓磚和瓦當的主要題材紋樣和墓內石刻裝飾圖像的題材意義及藝術特徵。雖然彭山崖墓中多數雕飾題材並非單純的建築裝飾，而是源於漢代的喪葬風俗，陳明達也對其進行了詳盡的考證，這不僅反映了中國營造學社在研究中對雕塑這一中國古代藝術的重要形式給予充分關註的研究取向，也反映出其重視建築空間的整體性，將建築與其中的裝飾、陳設進行綜合研究的視角。

正如李若水博士所言，此部報告中『對崖墓建築的敘述，遵循了中國營造學社在之前進行地面木構建築調查時的體例，即由平面、剖面、立面的總體佈置，到材分制度，再到斗栱（拱）梁架的做法細部和梁枋等木結構交接方式，最後是牆體、屋面、磚瓦和室內繪飾做法。這一範式是營造學社從其首部調查報告《獨樂寺觀音閣山門考》即開始使用的，其敘述順序也可以明顯地反映出當時學社的研究重點——《營造法式》的體例影響，尤其是對崖墓仿木構建築元素所反映的材分制度的探尋，是與《營造法式》的研究一脈相承的。』[一]

總之，『重慶中國三峽博物館藏稀見西南史志類稿鈔本叢刊』所收錄的這幾部稿鈔本，雖然撰寫或傳抄時代距今不算久遠，但是從保存地方文化的角度來看，其價值無疑是巨大的。同時，作為一種前賢遺澤，我們通過對稿鈔本書寫方式、書風字體的觀摩，也可以一窺書寫者的內心世界和文化修為。

[一] 李若水：《從李莊到白沙——中國營造學社與墓葬建築研究》，《建築史學刊》，2021年第2期，第119頁。

當然，受限於叢刊收錄的這幾種稿鈔本本身的體例缺陷，以及文稿保存過程中可能存在的脱漏、缺損，這些稿鈔本也都或多或少存在一些問題。比如有些文稿沒有目錄，不便於讀者查閲使用。對此，我們在本次整理過程中專門新增了目錄，以便對照翻閲。而對於原本已有目錄但無頁碼對照的，諸如《文山縣志》（民國稿本）等，同樣新制目錄，以求統一。對於原稿中涉及的圖版、照片等，我們也盡最大可能予以排印或重排保留。

另外，叢刊中所收諸書在流傳過程中，原稿鈔本存在蟲蝕、貼條改換、破損以致個别文字殘缺不全或難以辨識的情況，我們均最大程度地保存原貌，不輕易剪裁、刪削，以使利用者能夠較完整地獲取文獻的所有信息。惟對於一些人為的塗鴉、汙損及格線與文字混雜等情況做了一定的技術處理。

又，對於稿鈔本原文中因編纂者所處時代、環境及觀念之影響而存在的那些對當地少數民族的蔑稱（如回匪、夷等），此類用語已完全不符合我們當前的社會觀念和民族政策，也與當今學術界普遍的歷史認知不相協調，但是考慮到原始文稿本身的歷史局限，同時也為尊重文本的歷史語言與話語敘述，我們在影印整理過程中沒有對此進行刻意的修飾或掩蓋，這一點是需要特别説明的。

『重慶中國三峽博物館藏稀見西南史志類稿鈔本叢刊』的出版有幸得到了重慶市出版專項資金的資助，重慶大學出版社重點圖書編輯部孫英姿主任為促成叢刊的立項、出版付出了極大的努力，而張慧梓、張家鈞兩位老師亦在編輯過程中就編選内容、叢刊體例等出謀劃策，提供了很多幫助，在此一併致謝。因叢刊編纂團隊水平有限，對所選稿鈔本的認識和理解或許還有不到位，甚至是表述錯誤之處，敬請讀者批評指正。我們有理由相信，作為喚醒『沉睡』在博物館中的古籍文字活起來的重要一步，本叢刊的出版將為學術界和廣大地方文化愛好者帶去新的養分，豐富多彩的研究成果必將指日可待！

叢刊編委會
辛丑年冬月

重修昭化縣志　第一冊

重修昭化縣志目録……二
重修昭化縣志本衙藏板……八
重修昭化縣志序……九
昭化縣志原序……一一
復修昭化縣志序……一三
重修昭化縣志職名……一六
昭化縣志原修姓氏……一八
重（復）修[一]昭化縣志職名……二〇
昭化縣分野貳宿圖……二一
昭化縣與地圖……二三
昭化縣城池圖……二五
昭化縣江源圖……二七
凡例……二九

[一] 原文為『重修』，但其中提到『昭化縣知縣曾寅光』，結合前文各序所述，當為『復修』。——編者註

重修昭化縣沿革表……三一

（重修）[一]昭化縣志卷之一　天文志（一）　分野……三六

重修昭化縣志卷之二　輿地志一　沿革……三七

重修昭化縣志卷之三　輿地志二　疆域……四三

重修昭化縣志卷之四　輿地志三　形勢……四八

重修昭化縣志卷之五　輿地志四　風俗……五〇

重修昭化縣志　第二冊……五三

重修昭化縣志卷之六　輿地志五　山川……五四

重修昭化縣志卷之七　輿地志六　城池……八〇

重修昭化縣志卷之八　輿地志七　關隘……八三

重修昭化縣志卷之九　輿地志八　隄堰……九二

重修昭化縣志卷之十　輿地志九　津梁……九三

重修昭化縣志卷之十一　輿地志十　公署……一〇一

重修昭化縣志　第三冊……一〇五

重修昭化縣志卷之十二　輿地志十一　街巷……一〇六

重修昭化縣志卷之十三　輿地志十二　里鄉（場市附）……一〇九

重修昭化縣志卷之十四　輿地志十三　祠廟（寺觀等附）……一一二

重修昭化縣志卷之十五　輿地志十四　陵墓……一二七

[一] 原文無，據後文及為統一目錄格式而補充。以下括註同此，不再一一註明。——編者註

重修昭化縣志卷之十六　輿地志十五　古蹟……一三二
重修昭化縣志卷之十七　食貨志一　蠲賑……一四六
重修昭化縣志卷之十八　食貨志二　田賦……一四七
重修昭化縣志卷之十九　食貨志三　倉儲……一五三

重修昭化縣志　第四册

重修昭化縣志　第四册……一五七
重修昭化縣志卷之二十　食貨志四　雜課……一五八
重修昭化縣志卷之二十一　食貨志五　户口……一六〇
重修昭化縣志卷（之）二十二　食貨志六　物産……一六四
重修昭化縣志卷之二十三　學校志一　學校……一六八
重修昭化縣志卷之二十四　學校志二　典禮……一七〇
重修昭化縣志卷之二十五　學校志三　書院（鄉學附）……一八四
重修昭化縣志卷之二十六　武備志（一）　防守……一九二
重修昭化縣志卷之二十七　武備志二　兵制……二〇〇
重修昭化縣志卷之二十八　武備志三　驛傳……二〇三

重修昭化縣志　第五册

重修昭化縣志　第五册……二〇七
重修昭化縣志卷之二十九　武備志四　鋪遞……二〇八
重修昭化縣志卷之三十　職官志一　縣令……二一〇
重修昭化縣志卷之三十一　職官（志）二　丞簿……二二八
重修昭化縣志卷之三十二　職官志三　教諭……二二九
重修昭化縣志卷之三十三　職官志四　訓導……二三一

重修昭化縣志卷之三十四　職官志五　典史……二三五
重修昭化縣志卷之三十五　選舉志一　進士（舉人）……二三八
重修昭化縣志卷之三十六　選舉志二　貢生……二四一
重修昭化縣志卷之三十七　選舉志三　吏監……二五三
重修昭化縣志卷之三十八　選舉志四　武科……二五四

重修昭化縣志　第六冊……二五七

重修昭化縣志卷之三十九　人物志（一）　忠義……二五八
重修昭化縣志卷之四十　人物志二　孝友……二六五
重修昭化縣志卷之四十一　人物志三　行誼……二七三
重修昭化縣志卷之四十二　人物志四　隱逸……二七七
重修昭化縣志卷之四十三　人物志五　義夫……二七八
重修昭化縣志卷之四十四　人物志六　列女……二七九
重修昭化縣志卷之四十五　人物志七　仙釋……二八七
重修昭化縣志卷之四十六　人物志七（八）　流寓……二九〇
重修昭化縣志卷之四十七　紀事志一　紀事……二九三
重修昭化縣志卷之四十八　雜類志一　紀聞……二九八
重修昭化縣志卷之四十九　雜類志二　祥異……三〇〇

重修昭化縣志

第一册

卷之一天文志　分野
卷之二輿地志　沿革
卷之三輿地志　疆域
卷之四輿地志　形勢
卷之五輿地志　風俗

重修昭化縣志目錄

卷之一
天文志　分野
卷之二
輿地志　沿革
卷之三
輿地志　疆域
卷之四
輿地志　形勢
卷之五
輿地志　風俗
卷之六
輿地志　山川
卷之七
輿地志　城池
卷之八
輿地志　關隘
卷之九

輿地志　隄堰
卷之十
輿地志　津梁
卷之十一
輿地志　公署
卷之十二
輿地志　街巷
卷之十三
輿地志　里鄉 場市附
卷之十四
輿地志　祠廟 寺觀附
卷之十五
輿地志　陵墓
卷之十六
輿地志　古蹟
卷之十七
食貨志　蠲賑
卷之十八

食貨志　田賦
卷之十九
食貨志　倉儲
卷之二十
食貨志　雜課
卷之二十一
食貨志　戶口
卷之二十二
食貨志　物產
卷之二十三
學校志　學校
卷之二十四
學校志　典禮
卷之二十五
學校志　書院鄉學附
卷之二十六
武備志　防守
卷之二十七

武備志　兵制
卷之二十八
武備志　驛傳
卷之二十九
武備志　鋪遞
卷之三十
職官志　縣令
卷之三十一
職官志　丞簿
卷之三十二
職官志　教諭
卷之三十三
職官志　訓導
卷之三十四
職官志　典史
卷之三十五
選舉志　進士舉人
卷之三十六

選舉志　貢生
卷之三十七
選舉志　吏監
卷之三十八
選舉志　武科
卷之三十九
人物志　忠義
卷之四十
人物志　孝友
卷之四十一
人物志　行誼
卷之四十二
人物志　隱逸
卷之四十三
人物志　列女
卷之四十四
人物志　仙釋
卷之四十五

人物志　流寓
卷四十六
紀事志　紀事
卷四十七
雜類志　紀聞
卷四十八
雜類志　祥異

道光乙巳

重修昭化縣志

本衙藏板

重修昭化縣志序

邑之有志所以信今而傳後也其或誤而失實缺而弗全未足以信今而傳後司牧者不得辭其責焉昭邑舊志原纂於邑人吳珍奇修之自邑令李太初始今觀其書舛錯頗多文過乎質且志修於乾隆丙午迄今六十年其間制度屢更賢哲輩出亟宜廣爲搜羅補所未備繙閱再四有志焉而未之逮也夫邑志與國史同爲之者須才學識皆備余何人斯敢膺斯任況乎篋無積卷室少通儒而且差使絡繹左支右詘欲爲而輒止者屢矣長夏無事適諸生馬玉瓖等殷殷以此事來請不獲已勉副所請乃取通志府志與各房舊牘詳加校

訂其邑中往事與夫土風物産之彰彰可傳者更與二三同人相商確殫駑鈍之力自夏徂秋歷半載而書成蕪陋之譏知所不免然於太初縣志未確者更正之未備者補輯之亦未必不少有裨益若此書之果足以信今傳後否余究無以定也請以質之博洽君子

道光乙巳菊月中旬津門張 紹齡撰

昭化縣志原序

昭化舊無志康熙癸巳邑貢生吳苞符氏始纂輯之距今又七十三年苞符不文工於附會竊以所知參考之殆失實者居其大半而邑人寶爲藏書余署任之三月民醇事簡訟庭閒寂爰命各房吏書揀數十年案牘分類編次具得事理之本末而山川景物風土人情日召父老恭詢之或公餘踏勘徵於目覩者爲多其舊志與他紀載相近者略爲考核以成一家之法別土地人民政事三篇從陸稼書靈壽例也藝文附本事下從康對山武功例也述土産名狀而常産不備書從范石湖虞衡例也司特年近諸寅好及邑人善績不書從湯

升菴蜀藝文例也徵引必標 書名採訪人
具載姓氏從各注疏家例也瑣屑事書之
從各志外紀例也載考志乘家山不載形
勢水不載源流古蹟不加考訂用發新例
備書之夫僻小之區以行箱儉腹強作解
事良愧固陋矣較舊志尚粗完備爰命邑
生員楊祖德等分類校讐釐 爲六卷京山
李元太初

復修昭化縣志序

沙不披則金不見也石不琢則玉不出也然
金藏於沙必有知其為真金者而其真於出
玉蘊於石必有識其為美玉者而其美斯
彰昭以龍門之史有善則書觚木之操一長必
錄推之郭璞著山海之經劉向有列女之
傳無不旁搜博採勤為成書其用心亦良
苦哉夫宇宙之寬物類之廣彙而輯之非
才學兼備者不能若一邑之間為區無幾其
風土人物攷之似亦易易然而易者述而不
易者作也昭邑舊志將作於邑貢生吳芑
符繼述于邑令尹張若度其間之名山大川
忠臣義士得吳君而其真將出遇張令而
其美益彰載在明府為一邑之滙觀為越

十年而余任昭化下車伊始兵勇雲
屯務重差繁幾無在山陰道中有萬
壑千巖應接不暇之勢無少而蠻烟不
警軍務稍寬公餘閒居偶閱舊志編殘簡
斷今之缺非復昔之全矣文物積只而必更
事閱時而愈新志經張公修後已十餘年
鼠嚙蠹吞殘缺在所不免而此十餘年中
制度之變更賢哲之挺出又知幾許耶不亟為
搜羅是猶金在沙而不披玉在石而不琢也咎將
可辭故不揣愚昧於殘缺者補之又採近日
人物之彰彰可傳者而增訂之分類編
次以成全璧爰命邑貢生王永仁等採訪
參校共襄厥成付諸梨棗其果能盡出
其真耶玉盡呈其美耶 知潛德幽光不無

未蕪後有君子當為我詳校之

同治三年孟秋月楚之南曾宙光暘谷撰

重修昭化縣志職名

原纂舊本已軼

中江訓導吳珍奇昭化縣人歲貢生

原修

昭化縣知縣孫文起江南武進人辛卯進士

署昭化縣知縣李元湖北京山人舉人

重修

署昭化縣知縣張紹齡直隸天津人戊辰舉人

參訂

昭化縣儒學訓導杜宇昕蓬溪縣人己卯舉人

昭化縣典史葉鍾泰浙江石門人

癸酉拔貢生徐用章

採訪

府學歲貢生吳濟

文生尹守貞

參正

廩生馬玉瓖

乙酉拔貢生徐沅

校閱

廩生王培元

廩生王永仁

廩生王明哲

廩生吳廷思

廩生王大德

督梓

武庠谷淩雲

捐刊

監生王化民

貢生尚國政

廩生陳克修

監生張泰榮

監生陳國柱

文生梁國輔

史和政

袁日惠

昭化縣志原修姓氏

參訂

教諭 曹秉御 樂山縣人舉人

訓導 李成蹊 夾江縣人歲貢

典史 徐觀海 會稽人儒士

採訪

武庠 尹之訓

武庠 高安重

貢生 張憲齡

參校

廩生 楊祖德

貢生 王杏舒

廩生 吳培愿

廩生 馬中和

謄錄

王桂舒

劉書秀

張思聖

校對　羅繼仲
崔寶節
增生　薛映梅
廩生　任世聰
庠生　徐文潔
庠生　鄭　珣
捐刊　張憲齡
王杏舒
尹之訓
高安重
張遐齡

署昭化縣知縣張峻西安府富平人

昭化縣知縣曾寅光湖南黔陽人增生

昭化縣儒學訓導王鴻訓四川井研人癸卯科舉人

署昭化縣儒學訓導何朝福崇慶州人附生

署昭化縣儒學訓導陳文炳邛州人乙卯科舉人

署昭化縣典史李景沆甘肅狄道州人附生

採訪

文生仲嘉謨

校閱

恩貢王永仁

昭化縣分野三宿圖

井宿全圖

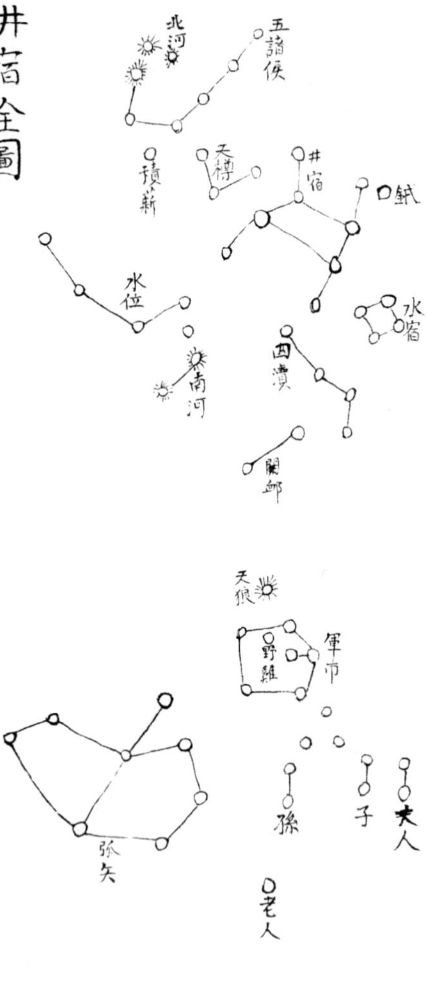

鬼宿全圖

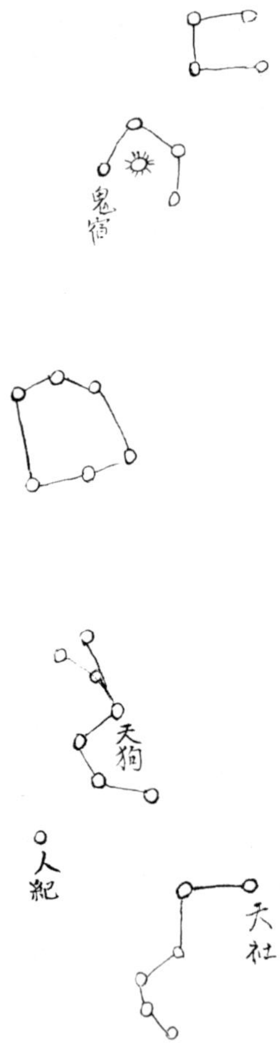

昭化縣輿地圖

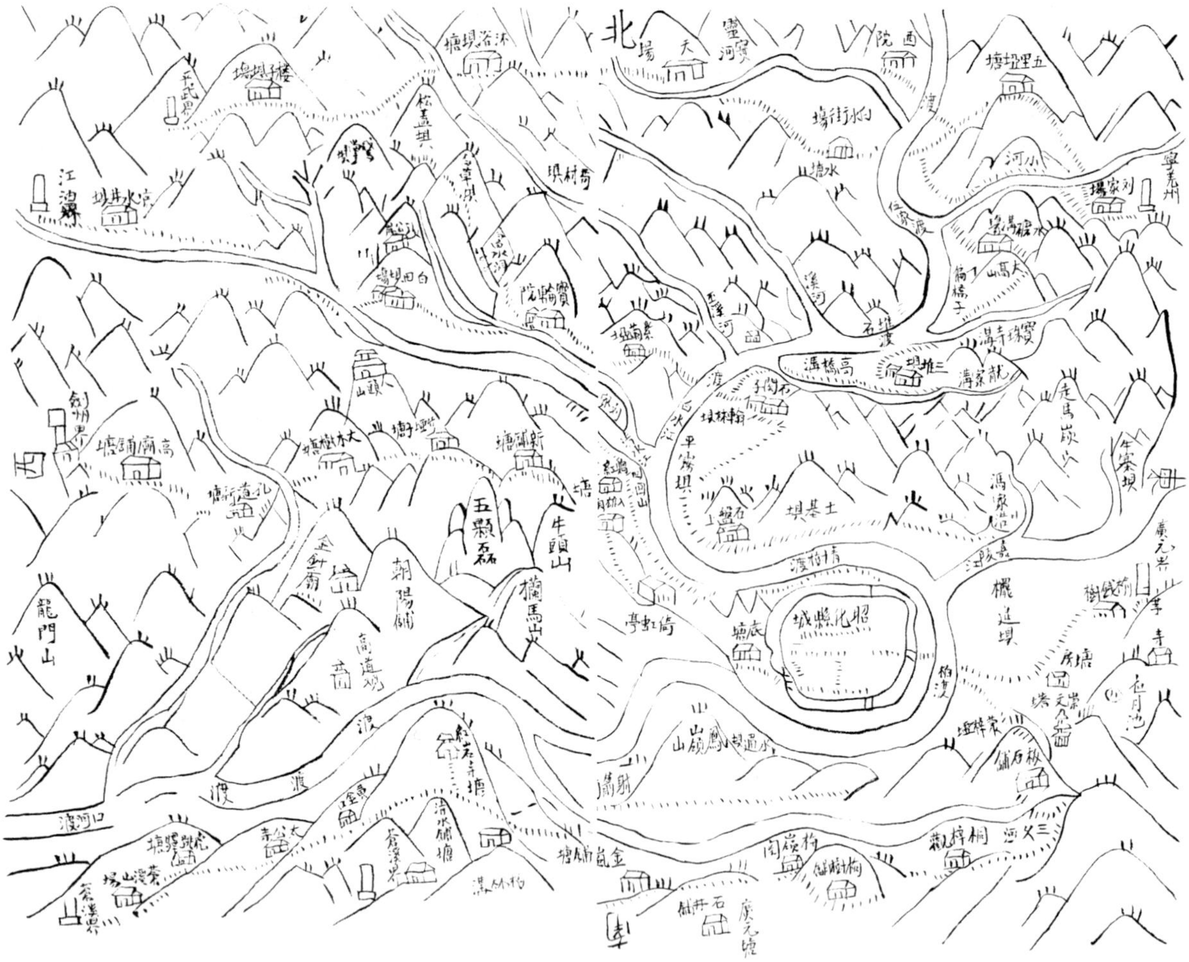
北
西
昭化縣城
龍門山
五顆磊
牛頭山
朝陽舖
擋馬山
江油縣
寧羌州

昭化縣城池圖

北
西
東
南
文廟
武廟
嘉陵江
厲壇
行臺
桔柏渡
奎星閣

昭化縣
江源圖

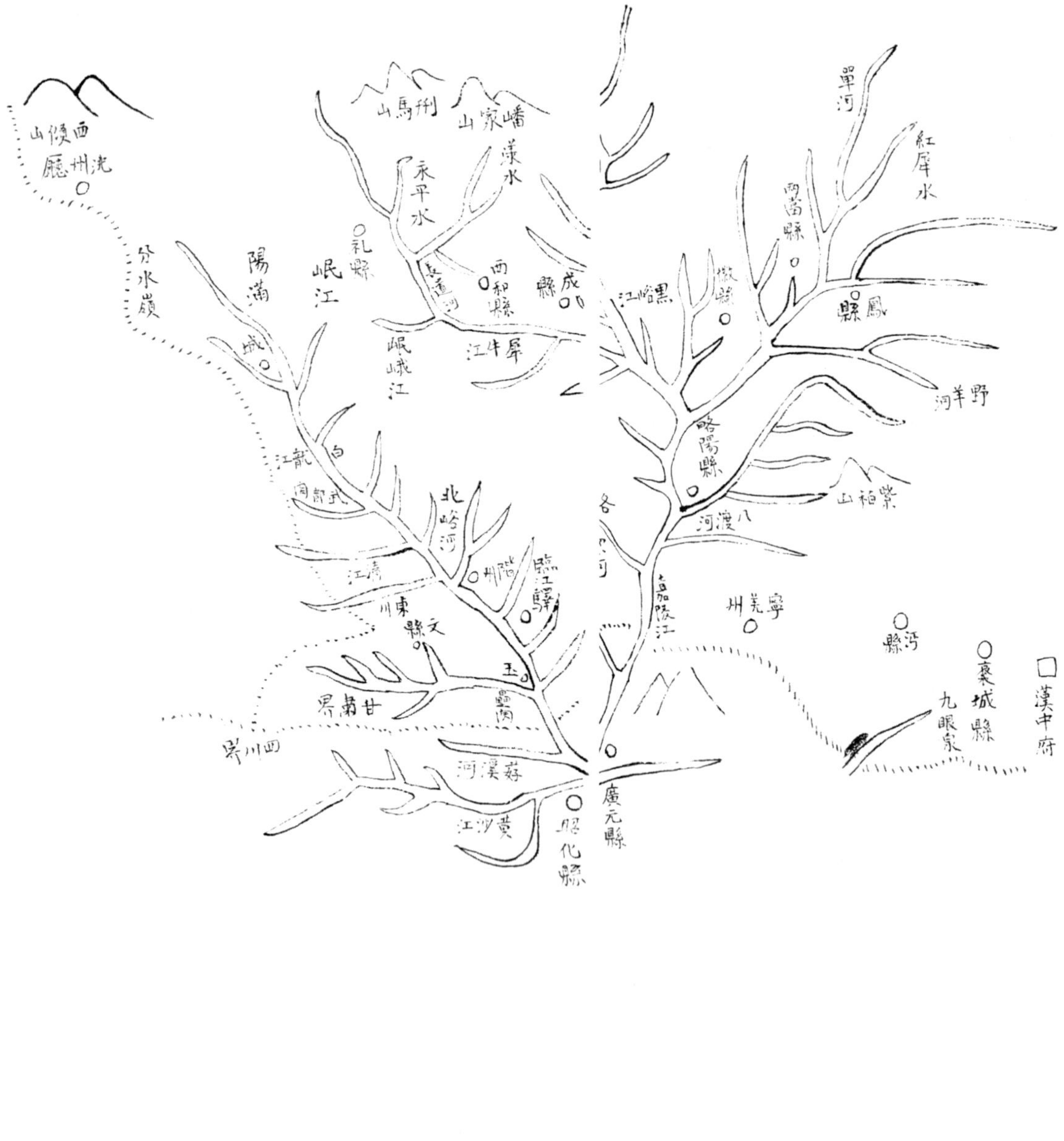
西傾山
洮州廳
分水嶺
礼縣
岷江
刑馬山
嶓冢山
漾水
永平水
西和縣
成縣
黑峪江
犀牛江
岷峨江
白龍江
北峪河
階州
臨江驛
清江
東川
文縣
玉壘關
甘肅界
四川界
黃沙江
昭化縣
廣元縣
嘉陵江
略陽縣
八渡河
紫柏山
野羊河
鳳縣
兩當縣
徽縣
單河
紅崖水
寧羌州
沔縣
褒城縣
九眼泉
漢中府

凡例

一舊縣志列土地人民政事三篇諸多未備茲以天文輿地食貨學校武備職官選舉人物紀事雜類十志爲綱分類附之較爲得體

一詩賦序記之類散附各門不别爲藝文志以便省覽

一舊縣志無圖茲特補繪並彙列於卷首

一通志可稱賅洽然大半原本縣志訛以傳訛間或不免茲皆據實改正並補所未備

一邑志之作以表彰善類爲亟慈惠之師口碑尚在義烈之舉月且可憑據實書之用昭激勸

一現在職官人物雖有善績均不錄遵舊例也

一職官兵制戶口賦稅風俗土產之類今昔不同茲皆舍舊從新一一更正

一志貴徵實故舊志中繁縟之詞荒唐之事概從節汰

一各卷考案續產正以前無字句可咨句文在下覆覈

無幾如常平倉刱自何年文昌宮修於何任養濟院廢於何時叵源墓碓在何處以及
國初以來各職官皆無可考證如闕疑焉可也
一以一人之見聞而又半錄於事體倥偬之餘荒疎
缺略咎固難辭惟望後之君子補輯而釐正之

唐虞	梁州		
夏	梁州		
商	雍州	羌	
周	雍州	蜀開明氏	苴
		秦慎靚王五年秦惠王滅蜀	蜀
秦		蜀郡	葭萌縣
漢	益州部武帝置十三部刺史改梁州爲益州其後	廣漢郡高祖六年分蜀郡西境置郡置守景帝	葭萌縣
			白水縣分葭萌北境置
蜀漢	益州或改稱牧	中元二年	
		廣漢郡	漢壽縣改葭萌置屬廣漢郡
		梓潼郡分廣漢西南境置	白水縣屬梓潼郡
魏	益州	廣魏郡改廣漢置	漢壽縣
		梓潼郡	白水縣
晉	梁州	廣魏郡	晉壽縣改漢壽置屬廣魏郡
		晉壽郡太元十五年改廣魏置	益昌縣改晉壽置屬廣

巴西郡 置巴郡……漢建安中分已置巴西郡郎今保寧府

宋

梁州

晉壽郡

白水郡 分晉壽西北境

巴西郡

白水縣 屬晉壽郡

興安縣 分晉壽東境晉壽 屬晉壽郡郎 今廣元縣不 具沿革應 八廣元志

晉安縣 分益昌東南境

置屬巴西郡

益昌縣 初屬晉壽改屬

白水

平興縣 改白水縣置初

屬晉壽改

屬白水郡

晉安縣 屬巴西郡

置

齊

梁州

西晉壽郡 分興安東

境爲東晉壽郡

白水郡

巴西郡

北益州 武帝分梁州置 南北二益州 後魏改爲西

益昌縣 屬西晉

平興縣 屬白水

晉安縣 屬巴西郡

晉壽郡 屬北益州

巴西郡

白水郡

平興郡 改白水 置屬北

益昌縣 屬晉壽

平興縣 屬平興

益州

西魏

黎州大同六年改西益州置

南梁州天監人年置

利州改黎州置

隆州改南梁州置俱設總管府

金匱郡益州後俱改屬黎州分巴西郡置屬南梁州

晉壽郡屬利州廢

南白水郡改平興郡

東洛郡置屬利州分白水西南境

晉安郡屬金匱郡

京兆縣改益昌置屬南白水

平興縣屬南白水

魚盤縣分平興西南境置屬東洛

北周

利州

隆州自漢以來州為郡名統郡縣隋罷郡存州則州與郡同

金匱屬隆州

東白水郡屬利州

東洛郡屬利州

金遷郡改金匱郡置屬隆州

晉安縣屬金匱

益昌縣改京兆置屬南白水

平興縣屬南白水

魚盤縣屬東洛

晉安縣屬金遷

隋

西南道開皇元年置行臺尚書令

利州開皇廢白水東洛二郡人之

義成郡大業改利州置

益昌縣屬利州

晉安縣屬金遷

景谷縣改平興置省魚盤人之屬利州

唐

山南道 貞觀元年置

山南西道 開元二十二年分置

隆州 開皇廢金遷郡入之

巴西郡 大業改隆州置

利州 武德元年置總管府三年置行臺天寶元年改益昌郡置守乾元初復改利州

沙州 武德元年分利州置貞觀元年廢

閬州 武德改巴西爲隆州先天二年改閬州天寶改閬中郡乾元復爲閬州

葭萌縣 改晉安置屬隆州

益昌縣 屬利州益昌郡

景谷縣 初屬利州改屬沙州州廢仍屬利州後省人益昌

方組縣 武德四年置屬沙州貞觀元年省人景谷

葭萌縣 屬閬州閬中郡

後唐

山南西道

益州 改利州置

閬州

益光縣 改益昌置屬益州

葭萌縣 屬閬州

宋

西川路 乾德三年置咸平四年分置利州路

利州益昌郡

閬州閬中郡

益昌縣 改益光置

昭化縣 改益昌置屬利州

葭萌縣 屬閬州

元	四川中書行省利州路	保寧府	昭化縣省葭萌入之屬保寧府
明	四川布政司	保寧府	昭化縣洪武十年省入廣元十三年復置
國朝	四川省	保寧府	昭化縣

昭化縣志卷之一

天文志

分野

大清一統志保寧府井鬼分野鶉首之次

保寧府志昭化縣井鬼分野鶉首之次

吳珍奇舊志曰川西南屬井川東北屬鬼昭化在鬼宿未度並翼宿初度之交天體左旋昭地接漢中故也

按自九州分野之書既亡而十二國分野之說多屬附會今諸書紀載一概不錄謹遵我

朝所定繪圖列次以備考核吳說未確舊縣志駁之良是

重修昭化縣志卷之二

輿地志一

沿革

禹貢梁州之城

周巴蜀地按牧誓稱庸蜀羌髳微盧彭濮人孔疏曰羌在西蜀廣元烏奴山祠堂記曰郡壤故錯羌氏則縣當屬羌也

春秋時蜀王開明封弟葭萌於此謂之苴侯邑名吐費城蜀與巴世讐而苴侯與巴結好秦惠王二十七年當周慎靚王之五年蜀王帥師攻苴苴侯奔巴巴戰不勝求救於秦秦使張儀司馬錯從石牛道伐蜀蜀王拒之於葭萌敗績走武陽爲秦軍所害遂滅蜀取巴苴分置郡縣改吐費曰葭萌舊縣志開明者鼈靈之號也其子蘆帝孫保子帝俱號開明氏共九世至開明尚當周顯王時始去帝號稱王葭萌者尚之弟也前漢書葭萌作葭明顏師古讀明如萌又索隱讀苴蜀相攻之苴爲巴蓋史記原其交兵之由故曰苴索隱考其交兵之實

故曰巴非苴果有巴音也

秦置蜀郡葭萌縣子嬰元年沛公王漢中縣歸漢
舊縣志秦葭萌境今昭化廣元二縣蒼溪東北之
岐坪故城巴州西北之清化故城南江西南之大
牟故城劍州西北之劍門故城皆其地也又通志
謂漢州東五十里葭萌城漢故縣恐譌

漢葭萌縣分置白水縣俱屬廣漢郡更始二年爲
公孫述所據光武建武六年爲隗囂所據十一年
吳漢破之仍屬漢獻帝初平二年爲劉焉所據建
安十六年焉子璋使法正迎劉先主於荊州先主
到葭萌厚樹恩德以收人心命霍峻守之縣歸蜀
漢蜀漢改葭萌爲漢壽縣屬廣漢郡白水縣屬梓
潼郡後主炎興元年鄧艾入蜀縣歸晉舊縣志漢
壽卽關公封亭侯處漢制有亭侯鄉侯蓋封爵之
等也按吳省欽漢前將軍華陽墓記云建安五年
曹操表封漢壽亭侯屬武陵郡荊州刺史所治至
葭萌之改漢壽乃建安十九年先主取蜀後事非
帝所領封足跡亦未一至蜀據此則以此漢壽爲

受封處誤已
魏元帝景元四年改廣漢爲廣魏郡而縣屬之其後司馬炎篡魏縣歸晉
晉武帝太康元年改漢壽爲晉壽縣惠帝太安二年爲李特所據穆帝永和二年桓温滅之仍屬晉孝武寧康元年爲苻堅所陷太元十年任權扳之仍屬晉十五年廢晉壽改置益昌縣仍於縣城置晉壽郡益昌白水二縣俱屬之又於縣之東境置興安縣亦屬晉壽郡又於縣之南境置晉安縣屬巴西郡安帝義熙二年爲譙縱所據十年朱齡石走之仍屬晉其後劉裕篡晉縣歸宋舊縣志興安今廣元縣治而昭化廣元之分縣自此始
宋文帝元嘉六年改白水爲平興縣十年爲仇池氏羌楊難當所據十一年蕭思話破之置戍葭萌水十九年難當攻拔葭萌裴方明討之克白水遂平仇池因置白水郡其後蕭道成篡宋縣歸齊
齊明帝永泰初分興安以東爲東晉壽郡益昌以西爲西晉壽郡其後蕭衍篡齊縣歸梁

梁武帝天監四年爲邢巒所破縣歸魏魏僑置益州魏世宗延昌三年葭萌民任令宗因衆之患魏也殺魏晉壽太守以城降梁梁遣張齊來迎傅豎眼擊敗之文帝大統元年叛降於梁時梁之大通六年縣仍屬梁梁以武陵王紀爲益州刺史改白水郡爲平興郡兼置北益州而氐酋楊法琛爲刺史簡文帝大寳初爲法琛所據紀遣將楊法運討之扳劍關法琛退保石門攻平興法琛又退保魚石洞遂焚平興廢北益州仍屬梁元帝承聖二年爲紀所據魏遣達奚武破之縣歸西魏

魏改益昌爲京兆縣屬南白水郡又分縣西北境置魚盤縣別立東洛郡領之其後宇文泰篡魏縣歸周

周復改京兆爲益昌縣其後楊堅篡周縣歸隋

隋高祖開皇初廢郡改晉安爲葭萌縣屬隆州又改平興爲景谷縣而景谷益昌魚盤三縣俱屬利州煬帝大業三年省魚盤入景谷恭帝義寧元年

唐高祖命詹俊李仲袞取蜀縣歸唐

唐高祖武德元年葭萌縣屬隆州總管府益昌景谷二縣屬利州總管府四年於景谷縣置沙州領景谷方維二縣太宗貞觀元年廢沙州以方維省入景谷仍屬利州元宗天寶元年改利州爲益昌郡又省景谷入益昌縣屬之僖宗光啟二年爲王建所據後唐莊宗同光三年李紹琛滅之縣歸後唐

後唐改益昌爲益光縣明宗長興三年爲孟知祥所據宋太祖乾德二年命王全斌討平之縣歸宋

宋初復改益光爲益昌縣太祖開寶五年又改益昌爲昭化縣寧宗慶元六年爲吳曦所據安丙討平之嘉定十二年爲張福所據亦安丙討平之理宗寶祐元年蒙古汪德臣城之縣歸元

元省葭萌入昭化縣屬利州至正十二年爲明玉珍所據明洪武四年湯和破蜀八月甲子周德興徇下保寧縣歸明

明太祖洪武十年省昭化入廣元州十三年十一月復置屬保寧府

國朝因之

按昭邑叢爾區然其初蜀王封葭萌於此則固國都也秦漢以來沿革不一查府志全本通志而通志寥寥數語多有遺漏舊縣志考證極爲明晰兹畧爲酌易仍照舊本錄之不敢沒前人之善也

重修昭化縣志卷之三

輿地志二

疆域

昭邑東北至京師四千四百里西南至省城七百二十里皆驛道也南至府城二百八十里係僻道地勢南北贏而東西縮南北相去三百二十里東西相去七十里

東界廣元十五里自縣東門五里過嘉陵江曰桔柏渡有塘房五里板筵壩緣江南岸至此則江屈而北路別而南五里榆錢樹交廣元縣界又東二十五里凡四十里抵廣元縣治

東南界廣元縣三十五里自縣東門五里過桔柏渡緣鳳嶺之麓南行五里進龍王溝踐亂石梯而上山五里過蒙梓埡十里下板石鋪過石板溝五里三岔河係黑水塘梅林溪二水會合之處五里安家坡交廣元縣界

南界蒼溪縣二百六十里自安家坡十里桐梓觀五里桑林子五里梅樹鋪五里登嶺則梅林關也

關南二里射虎碑又六里圓山驛十二里石井舖有塘房至此別大道而西南行十里圖柏樹十五里老土地十五里太公寺十五里石牛背十五里虎跳驛有塘房十里柴家壩二十里漩口河二十里新觀十里火燒寺劍州赴郡之道至此合矣十五里火峯山十五里雞頭埡自是嶺岡直達凡十五里過龍門山又十里東岳廟交蒼溪縣界又南三十里凡二百九十五里抵蒼溪縣治

西南界劍州九十里自蒙梓埡五里射箭河十里龍耳山十里掛溪河五里紅岩寺十里畱山十里九眼墳十里土主廟十里明水觀五里黄金口交劍州界然黄金口捷徑距治不過五十里

西界劍州五十里自縣西門塘房行五里則緣翼山迤邐而上爲紅石坎五里倚虹亭過亭則牛頭山之麓矣五里天雄關牛頭山腰也有塘房五里緣山坡行過梅青埡五里新舖有塘房五里竹埡子有塘房五里白衛溪俗名王家河五里大木樹舖在人頭山之麓驛路腰站三里繞寨子渠山麓

而孔道新有塘房二里山狹窄徑爲架梘溝五里登高廟鋪有塘房交劍州界又西南九十里凡一百四十里抵劍州治

西北界江油縣一百七十里自縣北門五里麻柳灣即曲回壩也歷虎頭山五里鴨紅岩五里過清水五里寶輪院係清水沙岸大壩又北上小坡緣溝渠行多水曰凡十五里抵富水洞前五里田埡埡土多平田故名五里白岩背自此順大梁而下凡十里有巖俗稱喻巖路極陡險五里過泡麻池河抵馬村十里三顆石十里松蓋壩有古松一株大數圍亭亭如蓋十里雙廟子十五里石槽溝十里葛底壩五里石馬埡十五里燕子漬五里兩河口係燕子漬樓子壩二水會合之處五里七乂口臨清水江而兩河口水至此入之渡河即江油界又緣河北行五里茅壩子三十里樓門埸交江油縣界又西北一百二十里凡二百九十里抵江油縣治

北界平武縣一百四十里自縣北門渡白水東岸

即青樹渡也五里土基壩五里平務壩俱繞山麓行五里漢平壩俗稱翰林壩五里石關子隔河爲紫蘭壩舊隘口也十里茅班口五里菖溪五里粗石站亂石樓路有故棧迹五里飛鵞峽隔江望之洞穿石腹而飛鵞石乃在路下五里高橋有故棧迹五里羣珠灣對岸即三堆下壩五里三堆壩河心三巨石故名五里壩盡得溪謂之周溪五里牛心溪五里唐天溪前里餘有故棧迹五里大高山山頂窄徑臨崖景險河岸有故棧迹數處魯班峽在焉五里蓮花池多消水井水不入溪及井而竭五里女兒碑路側有碑係明都察院示民間女兒十五歲許嫁故名五里羅園溪五里水磨溝五里伍家渡五里寨子岩有故棧迹今爲王道人剗除稱通徑矣五里左家壩渡河西岸五里南壩五里白水街自街西行五里龍壩嘴五里天隍院五里羨家壩五里沐浴壩交平武縣界又一百六十里凡三百里抵平武縣治

又北界陝西寧羌州一百六十里自白水街東北

行渡白水五里五里埡十里白家壩五里界牌場交寧羌州界又一百四十里凡三百里抵寧羌州治

又北界甘肅文縣一百七十里自白水街北行渡西河五里虎頭岩五里九嶺子十里鹿角沱五里小關子交文縣界又百六十里抵文縣治此路壤錯地僻不設防守守土者其留意焉

縣棱劍廣平油之境民居田里犬牙相錯界劃不齊緣開墾之時民間各以其舊所居自爲首報水路繞折山勢迂迴亦有地遠而路通地近而路隔者然比戶自有界斷尺寸無紊亦無兩屬爭界致訟則亦姑聽民便無事紛擾也

按通志府志皆以縣之東北至廣元界二十里舊縣志則謂自白水街東北行交寧羌州界是東北不僅平廣元矣又自白水街北行交文縣界是北界亦不僅至平武矣詢之土人信然

重修昭化縣志卷之四

輿地志三

形勢

舊志曰昭邑北枕秦縣西凴劍關全蜀咽喉川北鎖鑰縣城四面皆山三面臨水以天雄關爲障則上接朝天聲勢聯絡下望劍閣首尾呼應以嘉陵江爲限則扼廣元之要害據保寧之上游信夫彈丸之域而有金湯之固也

周庠說王建謂葭萌四戰之地難以久安不如閬地廣人富然先主圖蜀使霍峻守葭萌而秦之司馬錯漢之來歙魏之鄧艾鍾會苻秦之楊安後魏之尉遲迥隋之梁睿唐之高崇文後唐之郭崇韜宋之王全斌皆出劍門陰平道則扼要可知已縣屬四界東來廣元有桔柏渡以拒之西出劍閣有天雄關以鎮之南下蒼閬有梅林關以閒之北渡陰平有白水關以守之石關爲白水之重門小劍爲劍閣之側户扃鐍周至不數虎牢之隘矣

國家混一區宇防禦無庸況當太平
盛世烽烟永靖雞犬無驚則雖有天險徒供遊士之眺玩而已然申畫郊圻慎固封守邑有形勝亦守土者之當知也

按天雄關天險自然足可防守而桔柏梅林白水三處縣之要害舊皆有關早廢有志防守者不可不亟講也

重修昭化縣志卷之五

輿地志 四

風俗

縣僻處川北人懐愿悋家敦儉朴宛然唐魏古風但上瘠民貧謀生不易聰明讀書者入學食餼後卽筆耕餬口無力上進魯鈍者或力農或服賈各治生業而嬉游流蕩之風不聞焉

元旦佳節男婦登堂拜賀新年富者盛設菓筵欵待彼此治酒互相請答人情頗爲醇厚然燈卽後卽各事 其事亦無宴樂流連之弊

鄉閭婦女蓬首耘耔負蘧篨採桑不尚冶容故淫風恒少

邛州牧 楊潮觀葭萌老叟歌 木皮爲衣薜荔墻刀耕鳥耘官道旁石戶之農芋栗食幾家坐老雲山蒼山深入木俱瘿頸猿鳥不知他處翔中有長年眉鬢白自言老草會充籍太平時世邏戍問身佩橐鞬試鳴鏑坐耗官倉年復年歲久人衰今罷役三男飽飯今長成一去從軍兩力耕蓬頭諸婦共

箕帚得食兒童垢面爭祝雞舐犢別無事傳食三家藜藿羹含哺且喜今猶逮當道塵清少車蓋山外那知天地寬山中自覺羲皇在

衣服林素民間養蠶皆以繭易布爲衣而無衣帛者卽殷富之家亦僅棉綢山絲紬服一兩件惟新年及喜筵壽觴中着之歸卽藏諸笥中率以布爲常如平時衣偶華美者人卽駭異以爲過奢非成人子弟矣

飲食儉約昭邑五穀俱產人家亦多養猪而食白米細麵與肉者甚少日用率以包穀豌豆黄豆大麥莜麥小米雜菜蔬爲饔飧謂其耐飢而酒肉稻粱除養老祭先宴賓之外不御焉

婚娶多因舊親爲親倩媒説合不受聘金盒酒爲禮納采納幣亦止猪隻酒米布疋無取銀錢爲聘禮者有則人卽恥笑謂之受財禮以爲子女羞婚期多在歲冬取其人力空閒措辦有資會客無雜賓惟內外族黨姑娘姊妹而已酒筵從俗無過爲豐靡者

喪葬棺槨衣衾稱家有無以爲厚薄方死則報訃於親戚戚來弔哭及殮以香帛酒肉上供有力者凡内外親黨皆散白戴孝無力則否既殮有葬期即葬之無期或一月半載卜吉日延禮賓會戚友具靈旛銘旌等物先期客奠及期家奠宴畢齊挽紼送墳山埋之家貧無力止畧具禮祭不敢過求豐美至若請僧道誦經偶亦有之知禮者不爲也器尚陶瓦棹几床榻皆質而不華極富家亦未有鋪張擺設者

民情畏訟凡詞訟皆奸蠹害人者爲之官明察重懲誣控者而訟獄頓息

鄉音六里不同言語僅俗無文飾嶺曰梁坡曰磡平原曰壩野聚曰堡山蹲曰埡然皆質直而無輕薄纖巧之習

重修昭化縣志

第二冊

卷之六輿地志　山川

卷之七輿地志　城池

卷之八輿地志　關隘

卷之九輿地志　隄堰

卷之十輿地志　津梁

卷之十一輿地志　公署

重修昭化縣志卷之六

輿地志五

山川

翼山城之坐山也北岸如削南坡斜展自天雄關望之儼然鳳翼左舒勢將振起而城適當其翼之末殆恐其飛去而修城以鎮之者

牛頭山在治西二十里天雄關之頂巨石聳立天半遠而望之儼然牛立頭有佛刹數楹名摩雲寺前有一池入雨不盈入乾不涸四時如故四圍峭壁巉巖窄徑上通憑欄一顧四山皆培塿矣舊傳隱語云月落牛頭口日出牛頭首世人若知牛頭意公侯將相不離手不解爲何語按綱目漢後主延熙十三年姜維攻魏雍州出自牛頭山刺史陳泰使趨牛頭截其歸路維遁走集覽曰牛頭山在漢中府褒城縣西北二十五里按其里道集覽爲是又唐杜甫李洞柳公綽等俱有牛頭山寺詩則潼川牛頭山也

王士正牛頭山詩其上天一握其下潭萬丈峩峩

牛頭山排空削千嶂盤盤石磴危鈎梯絶依傍路與風雲通人出飛鳥上全蜀萬山圍四顧迷背向歸雲盪胸來浩呼泊濤浪有如泛香海一葦淩滉瀁蔆蜽爭逢迎鬼神獻情狀咫尺即峨峩此亦堪輩行

李化楠牛頭山詩牛頭高聳青霄上亙石谽谺業相向劍閣西來百里翠相連奇峯幻化難名狀我來陟其嶺蒼崖古木懸下視諸山俱拱立直疑此門呼吸可通天山僧起閣臨空濶倚檻更覺雙眸豁長江滾滾抱城流疎林晚烟飛木末晴雲連袂起危徑排石齒不虛古人登天擬蜀道之難從此始

朱孝純宿牛頭山下詩巉櫂千山裏巴江苦霧深峽風吹急雨雲氣截平陰淹滯從來慣沉淪忽至今牛頭在咫尺相望負登臨

楊潮觀牛頭山詩千盤出劍閣萬仞上牛頭嶺勢雲中見江聲地底流連山風送雨滿谷樹生秋何處葭萌城小深藏大壑舟

王廷取牛頭山詩　地已全消險天猶剩此山盤旋蛇赴壑箕踞虎當關夢到金陵道神遊定筰閒無人尋費墓翁仲草痕斑金陵定筰皆有此山名

鳳嶺在治南五里相傳宋時有鳳棲焉故名横嶺側峰爲縣城屏障遠自廣元之二郎關迤邐東來及於桔柏津則轉而南折略低蹲以蓄其勢是爲蒙梓埡復折向西縣城南向適與折西之灣相對嘉陵江遂緣之爲委蛇也大堂東懸大鐘一係明隆慶元年知縣楊四知造逢祭期擊之里人謂蒙梓埡下龍王濤水勢冲城以此鎮之未知是否

刀環山在縣南益州記葭萌縣南十里有刀環山赤銅水出焉按葭萌在今縣東北五里赤銅水即今黑水塘省志未著其地誤載廣元

虎頭山在治北五里牛頭山之下山不甚高舊有小寺形似虎蹲

李元咏虎頭山詩　牛頭在山巔虎頭在山麓虎有食牛氣却向牛頭伏

朱雀山輿地紀勝曰在昭化縣與牛頭山相連

九曲山在治西九十里山勢迂曲與劍門對峙有人書於石曰一山一曲一曲一山峰回徑轉霧往雲還霧往雲還一山一曲誰其從之芒鞵赤足始得道人語也又修禊里亦有九曲山山不甚曲而有九峰元至正間蝗蟲爲害巡檢趙杰率土人毆之因建土主廟於此山土人歲於六月二十四日爲土主會

人頭山在治西四十里大木樹之右山形如人故名又以巨石矗矗連捲如雲名雲頭山後唐長興初伐蜀王宏贄暗從白衛嶺人頭山後出劍門南即此按山頂有川主廟道光十九年署令毛士驥建望遠樓于廟前

透明山在治西北二百里有竅通明望如懸鏡

龍門山在治南二百四十里百仞壁立岩半有洞深邃不測雖居民無敢懸縋而下然洞旁有砌石爲屏蔽者疑昔人避難爲之神龍嘗居於此大石具龍爪迹踏掐刻深岩頂爲劍閣通徑徑上別有巖穴二洞相比而開大洞可容百人小洞亦可容

數十人山頂有池方圓一畝七石提之謂之七星拱明月舊志謂一名葱嶺然元和郡縣志龍門山一名葱嶺在綿谷縣東北八十二里梁州記葱嶺有石穴高數十丈其狀如門號曰龍門是則廣元之北非此山也

五顆堆在治西三十里圓石五枚矗立峰頂嵐氣環繞峻不可登其末忽然連接一片謂之白巖背蓋俗呼石壁爲背也石背中迸一縫潴以巨潭有三足神蟾潛之常吐氣如雲不可犯干干輙雷雹

立至通志曰五峯山在縣西南與北衛嶺相峙路接劍閣連峯插天圓秀如豎掌俗名五顆山

雙鳳山在治西南四十里大木樹左右二山相對勢若雙鳳値翔風乍起松聲嘹唳儼然雌雄唱和之中律呂也其下朝陽堡取鳳鳴朝陽之理

馬鞍山在治南二百二十里狀如馬鞍

張公嶺在治西北五十里上有陷阱十餘竅寬數尺或丈餘深不可以丈計投一石聞響數刻乃已

五龍山在治南一百二十里一峯巍然四峯拱揖

通志謂卽五顆堆非也

高道山在治南一百二十里上有佛刹碑刻張三丰像贊云是三丰寄跡處其贊蜀惠王作也詞曰若有人兮出世匪常曩自中土移居朔方奇骨森應美髯戟張距重陽其未遠步虛靖之遺芳飄飄乎神仙之氣皎皎乎霏雪之腸爰尋師而問道歲月亦云其遑遑旣受訣於散聖復續派於爪王全一眞之妙理契未判之純陽南遊閩楚東略扶桑歷諸天之洞府參化人而翺翔曰儒曰釋曰老曰莊皆潛通其奧旨乃懷玉而中藏修絛短褐至於吾邦吾不知其甲子之幾何但見其毛髮之蒼蒼蓋久從遊於赤松之徒而類夫圯上之子房

玉屏山在治南二百三十里長嶺横排狀如屏風

文書山在治南二百一十里山上有四岡形如冊字故名

黄金山在治南九十里其下爲黄金口輿地紀勝曰益昌南沿江有平田號黄金壩卽故晉壽城址邑令李元詩果是名山不產金試將礦賣問遥岑

稚兒牽犢覓芳草小婦親蠶適柘林石碙都開禾黍地樹材猶有棟梁心吾民相率只勤儉如此黃金自可尋按此山以居民有黃金二姓故名今此姓尚多李詩誤

五佛巖在治北二十里嘉陵江之岸岩上刻大佛五尊小佛數百尊

東巖在虎跳驛之左

書巖未詳其處東關外有碑石一片刻書巖詩姓名剝落不可考詩曰嗽玉東來列翠屏字闕四恃山靈烟霞遥鎖詩書窟岩穴深藏將相名玉柱堂前金耳石瑞蓮池畔紫薇亭洞穿石壁人疑在竹尚咿唔樹尚青語多不可解亦自好者云按此碑今已不存

白衛嶺在治西南四十里朝陽堡此嶺東抵嘉陵江西抵高廟鋪長岡連綿二十餘里唐時大道也蜀中名勝記曰唐明皇幸蜀過此見元元皇帝騎白衛而下示取祿山之兆遂封嶺神白衛公唐詩紀事曰初明皇乘月登花萼樓有歌李嶠詩者曰

富貴榮華能幾時山川滿目淚沾衣不見祗今汾水上惟有年年秋鴈飛帝春秋衰邁問誰詩或對李嶠四凄然淚下遽起曰嶠眞才子也天寶十五載幸蜀登白衛嶺覽眺良久又歌是詩復曰嶠眞才子也泣下高力士在側亦揮淚不已土人刻石記其事

蜀後主衍過白衛嶺和韓昭詩 先期神武力開邊畫斷封疆四五千前望隴山屯劍戟後憑巫峽鎖烽烟軒皇尚自親平寇嬴政徒勞愛學仙想到隗宫尋勝處正應鶯語暮春天

韓昭過白衛嶺獻詩 吾王巡守爲安邊此去秦亭尚數千夜照路岐山店火曉通消息戍瓶烟爲雲巫峽雖神女跨鳳秦樓是謫仙八駿似龍人似虎何愁飛過大漫天

王仁裕和韓昭從駕過白衛嶺詩 龍旆飄飄指極邊到時猶更二三千登高曉躡巉巖石冒冷朝衝斷續煙自學漢皇開土宇不同周穆好神仙秦民莫道無思及大散關東别有天

李鑾宣白衛嶺詩漫漫輦道接西秦棧雨淋鈴倍愴神跨得青騾行蹀躞怯登白衛嶺嶙峋但思李嶠真才子不憶姚崇是諫臣滿目山川多少恨那堪重踏馬嵬塵

長寧山一名照山一名峩頭縣在治南二百二十里宋將軍王佐守禦處佐墓在山西南十里蒼溪縣之高橋其地四面險峻外有石城圍之頂上大坪一區可屯萬人有大池方廣數丈清水澄澈自石縫湧出雖大旱不涸謂之洗馬池又有白雲洞龍泉諸勝通志曰宋王智於此築城王昭因其遺址立寨駐兵保障處

木馬山俗名大高山在治北八十里巖頂有古木橫懸俗傳魯班遺木謂之魯班峽山左有蓮花池按名勝記以木馬山在景谷縣西南三十里孔明造木牛流馬處通志以爲在縣西北二十五里武侯造木牛流馬處皆較近於大高山疑木馬山別有一山故通志兩載但無可考而舊縣志以爲即大高山恐亦未確

白岩山在治北三十里一名雲坪山明邑舉人鄭本修煉處

仙人山在治南虎跳驛東北

飛鶯峽在治北四十五里白水經其中山腹有古洞寬廣可容千人碓磨悉具疑其避難之迹也別有巨石孤立江干儼然鶯之將飛而暫佇者諺曰打得石鶯飛過得陰平道甚言陰平之險也山頂爲王家寨

邑令吳天木詩誰放籠鶯江岸沙半岩古寨有王家可知不是房丞相閒立池西看晚霞

漢王山在治東北四十里山半有洞其中銅劍印盒悉具有大赤蛇衛之無敢入取者山有九十九峯排列如劍亦名九龍山相傳漢高祖駐蹕於此一名漢王寨宋司馬温公之父司馬池嘗爲利州路轉運使温公少嘗遊於此

虎仙洞在治西南十五里有虎自洞中仙去

風洞在治南一百二十里岩洞深邃大風自洞中出長寧山之南也

又風洞在治西三十八里其深無底風出無息時夏日人亦不敢近畏其寒也

朝陽洞在虎驛元極宮篆書三字甚古内繪八仙像

嘉陵江出陝西鳳縣東北嘉陵谷西九度四分極三十四度三分經甘肅之兩當徽縣陝西之寧羌州境入四川廣元縣北界自源西流折西南而南有大散水斜谷河自東北來會折西北又西南有魚河自北合紅犀單河二水注之又受下卬水又南有高橋河西北自兩當縣山合永寧河來會又南有野羊北河出松林驛東南山合新紅水及蜜蜂溝水東自鳳縣東南境來會即沮水支津也又西南經徽縣南百餘里西漢水自西來會○西漢水出秦州西南嶓家山西十度極三十四度五分即漢隴西郡西縣之嶓隴山也在寧羌州漢源嶓家西北四百餘里西南流會一小水又西北曲流日鹽官水稍北有橫水嶺水自南來會又北有永平水自東北來會折西有水西北自柏林青陽山東南經禮縣城東北來注之又西折西南日長道河折東南過仇池山西麓有岷峨江自西北岷峩山東麓來注之又東南日犀牛江經祁山麓有石磵關水西北來注之又東南有潭河西南自階州北米倉山東北流來會又東有長家河南來注之又東有黒峪江出吴紫山南九眼泉又南合烏油江麻沿河又西南受西北來之建安洛谷二水又南受濁水又東南來會又東有青泥嶺水自北經仙人關東注之俗亦日白水江又折東南有九龍池水東北自徽縣合三水注之又南至八渡山西合嘉陵江○胡渭禹貢錐指日泉始出山爲漾水東南流爲沔水至漢中東流爲漢水易氏日漾水東流

自八十里經輿元之南鄭縣名漢水黃氏曰漢有沔漾之名皆東漢水也地里志西漢水出西縣嶓冢山南入廣漢白水蓋潛漢也經不著其所出自古皆以爲東西兩漢俱出嶓冢則或然矣而西漢固無沔漾之名地里志漾水出隴西氐道至武都爲漢武都東漢水受氐道水名沔是則沔漾俱爲東漢也獨氐道武都脈絡不通川渠阻隔武都受漾爲不可據由是愈紛錯鄜道元委曲遷就通之以潛伏之流證之以難驗之論更覺齟齬故當盡廢衆說而一之以經文杜佑通典秦州上封縣嶓冢山西漢水所出經嘉陵曰嘉陵江經閬中曰閬江漢中金牛縣嶓冢山禹導漾水東流爲漢水亦曰沔水其說爲可據雍大記曰西漢水在西和縣源出嶓冢山西流與馬池水合此乃上邽之嶓冢在今秦州又云漢江源出沔縣嶓冢山東流入金州此又金牛之嶓冢禹貢嶓冢導漾乃沔縣之嶓冢非秦州之嶓冢知嶓冢有二則二漢源流各自了然又劉澄之云有水自沔陽南至梓潼漢壽八大穴暗通罡山郭景純亦言是矣罡山穴小本不容水水成大澤而流與漢合庾仲邕又言漢水自武遂川南入蔓葛谷越野牛逕至閬城合西漢水故諸言漢多言西漢水至葭萌入漢則兩川通波更在沮縣之南矣嘗試以圖志考之漾沮雖有枝津與西漢通要皆自東入西非自西入東也蓋嶓冢互絕東西俗謂之分水嶺地勢東高而西下故西漢水自洛陽縣南入寧羌州界即折而西南避高就下其性則然豈有東入之理澄之所言即禹貢之潛仲邕所言即通谷水也二水皆東漢之支津西流入西漢水而說者乃謂西漢水至葭萌入漢顛倒之矣今嶓東漾沮枝津皆入西漢嶓西谿澗之水亦皆入西漢川流往來有目者盡能驗之其可是古而非今乎○嘉陵江又南稍西折東南有橫壩河紫混山水西來各注之又東南經略陽縣城西又東南有八渡河出紫柏山西北流日中川會三川西南流又會一水又西折南注之又南受白石溝又西南經陽平關西又西南有洛索河

西來注之又南經廣元界有小水西北來注之又南至朝天闗西有水東北自七盤嶺關南來注之七盤關川陝分界其白水卽東北經寧羌州北合漢水者此水自關下西南流經神宣驛北又西至朝天關西北入嘉陵□蜀水經曰漢水又南經朝天關受潛水潛水出陝西寧羌州西北蔡山嶺西合斷竇山水西入潛潛水又南經神宣驛又西穿龍洞而出流入漢禹貢錐指曰郭璞爾雅正義去有水從漢沔陽而流至梓潼漢壽入大穴中通洞山下西南舊谷云卽禹貢潛也括地志云潛水一名復水今名龍門水山綿谷縣東龍門大石穴下元和志云龍門山在利州綿谷縣東入十二里潛水所出此卽郭氏所謂潛也梁州之潛一而已漢廣漢郡有葭萌縣蜀改曰漢壽屬梓潼郡故郭璞云西南流至梓潼漢壽入大穴中卽樂史所謂三泉故縣南有大寒水西流至龍門山入大石穴者也晉改漢壽曰晉壽故庾仲邕云墊江有別江山晉壽縣卽潛水太元中分晉壽置興安縣隋改曰綿谷唐因之元和志云潛水出綿谷縣龍門山明改曰廣元縣今縣北有龍門洞王象之輿地紀勝云龍門洞在綿谷縣北凡爲洞者三自朝天程入谷十五里有石洞及第二第三洞有水自三洞發源貫通兩洞下合嘉陵江渭按此卽禹貢之潛水也廣元舊志云源出縣北一百三十餘里木寨山流經神宣驛又南二十里經龍洞口至朝天驛北穿穴而出入嘉陵江與括地元和志不同意者本寨山乃水自沔陽來之所經而人誤以爲出歟又西南經廣元縣城西有稻壩河西注之又西南至昭化縣東北白水江自西北來會白水江卽古桓水亦曰墊江出邊外洮源東南西傾山西十二度五分極三十三度九分源曰裴雜塔拉泉澤十數瀠成二渠滙東南曲流折南又東曰香出必拉入甘肅邊經武都關南又東又東南與白

龍江會又有清江出合哥普山自西南來會稍東有雨水北自朝陽山東麓來注之又東南合川東水又東有北峪河合赤沙水又東南受紫水又南經臨江驛西又東南受紫泥山水又南有乾溝水自東北注之又南經玉壘關東有毛溝河出文縣西境山東合北來之馬兒河火燒關水南來之立志山水又東南合南來一水北來西番溝水來注之又東南受北來一水又南入四川界又南受溪河又東南至昭化縣城北有黃沙江即古葭萌水出摩天嶺南流受青川二水折東南受南北二小水又東有水西南自劍門驛來會又東入白水而嘉陵江竝會

嘉陵江入四川廣元縣西流至五佛岩入昭化界又西南白水注之又南抵縣城東南又轉西南行又南合射箭河又南合泥溪又南合掛溪又南經黃金口合明水又南經江口合劍州之閬溪又南經虎跳驛合野鴨溪又南經漩口合劍州之石臼溪又南合香溪又南合鶩溪又南合通樹溪又南合鶩溪又南至亭子口入蒼溪縣

白水江南經虎頭岩入昭化界又南合西江水又南經白水街又南合焦子溝水又南合羅圍溪又南合唐天溪又南合牛心溪又南合周溪又南合平武之平溪河又南過粗石棧又南合葛溪又南合皂角溪又南清水西注之又南入嘉陵江

清水江東至樓門場入昭化界又東南合燕子溪又東合蔡溪又東合梭溪又東合劍州之劍溪又東合竒溪又東南合富水又東至安昌壩入白水

按舊縣志以嘉陵江爲卽西漢水又以西漢水爲卽潛水而白水之爲桓水又疑其與禹貢不合查通志江源考繪圖分派瞭如指掌今特照錄於此可訂諸說之謬而舊縣志言三水在昭邑經過處頗祥故節取附錄於後

又按禹貢西傾因桓是來浮于潛逾于沔入于渭亂于河蓋貢道之在東北境者固經浮沔而入渭矣以西之最速者言之西傾山之南桓水出焉陸道依傍桓水而來至葭萌則浮舟于潛水潛北有沔自潛至沔中間有漾枝津水淺百餘里由是從陸道南歷岡北迤邐而接于沔沔北有渭沔與渭中間又有衙嶺絶水百餘里由是從沔歷漢川而至褒水從褒舍舟而陸至衙嶺然後可灌斜川而北入于渭渭與河相通但河自北而南趨渭自西而東注一縱一橫其勢相值遂截流以渡于河達

河則達帝都矣由此觀之則桔柏渡二水相合處實梁州之運道也

唐劉滄春日遊嘉陵江詩 獨泛扁舟映綠楊嘉陵江水色蒼蒼行看芳草故鄉遠坐對落花春日長曲岸迴檣移渡影暮天栖鳥入山光今來誰識東歸意把酒閑吟思洛陽

明楊慎嘉陵江詩 江山西風晚作顛江頭歸心雨如烟山城鼓動人收市沙埠潮平客上船燈影亂隨檣影去灘聲相襍雨聲喧傳岩物色人何在千載中流憶濟川

國朝高其倬江行詩 溢岸淪漣曉漲生敲鉦喜聽解維聲曾經蜀道如天險愈覺澄江似練平白舫青帘都蘊藉蒼山紅樹遮將迎長年正擬誇神速應怪停橈待月行

李元奮泛舟至葭萌詩 板頭一葉鳴兩槳縠紋滑笏平如掌嘉陵江水接銀河便泛浮槎生天上憶昔南道渡白門石尤怒阻黃天蕩日昏陡壁啼清猿夜黑深潭騰巨蟒離騷在手竟忘憂風帆一霎

何蕭爽白濤 滚滚湧金焦浮圖插處江天朗錢塘
五月興更豪 紅藕香中停烏榜平波星照列樓臺
遊人都作瀛 洲想寒汀漠漠月三分曲港微微風
五兩從此不 逐南濱遊他年願作西湖長如何計
左墮緇塵譽 彼飛蠓絡蛛網岑弁袴褶學從戎騂
騮縱轡馳坱 莽老僵髀肉不可支矍鑠據鞍空自
強山行已倦 忽乘流喜遇麻姑搔背癢人生蹤跡
幻且奇蒼狗 白雲一俯仰會須拿舟訪范蠡不然
掉臂從疏廣 空江夢斷悄無言桔柏渡頭人語響

射箭河在治南二十里水流湍急舟行如箭故名源發黑水塘有池寬數畝深不可測無源有流大旱不涸與嘉陵江相隔十餘里江漲則池亦漲殆與江通其水西流至三义河合梅嶺關之水又北流合石板水又西流爲射箭河入嘉陵江

桔柏潭城東渡江處唐書曰元宗幸蜀次益昌縣渡桔柏江雙魚夾舟而迎從臣以爲龍也又曰廣明二年僖宗幸蜀張亞子神見利州桔柏津卽此方輿勝覽曰桔柏潭在昭化縣今昭化驛有古柏

土人呼桔柏故以名潭唐元宗幸蜀次利州至益昌縣渡桔柏江卽桔柏渡杜詩舊注桔柏渡乃文州嘉陵二江合流處名勝記志云舊傳津有二魚負舟往往沉溺一道人求渡操舟者難之道人云吾乃葛仙翁命取石書符令舟人佩之至中流二魚果出擲符水中少頃浪息次日二魚死於龍爪灘下按名勝記以桔栢潭爲今之柏林驛然柏林驛在縣南六十里去江絶遠亦無津潭且唐時閬蒼之道尚未開闢何由得元宗之渡今城西有龍爪灣在渡江下五里適與舊志合而子美前登山椒之說亦合

唐杜甫詩靑冥寒江渡駕竹爲長橋竿濕烟漠漠江水風瀟瀟連笮動嫋娜征衣颯飄颻急流鴇鷁散絶岸黿鼉驕西轅自兹異東逝不可要高通荆門路闊會滄海潮孤光隱顧眄遊子悵寂寥無以洗心胸前登但山椒

唐姚合桔柏渡詩高江臨桔柏山勢逼關門古驛荒烟合孤城斜日昏已歌傷落魄渝酒慰離魂戍

馬中原地崎嶇憶故園

明楊慎桔柏渡詩　桔柏古時渡江流今宛然名存巴國志詩有杜陵篇鵜鴂銜烟散黿鼉抱日眠分畱餘物色朗詠惜高賢

國朝王士正桔柏江詩　小舟飛青鶻西掠馬鳴閣道凌天關稍幸息腰脚茫茫雙江來抱此益昌郭荒城豺虎多殘堞出叢薄國憶苴侯開江疑鼈靈鑿武都地勢高衆水兢流落分道下民羌兩川乃磅礴鳴水廻驚瀾陰平劃大壑仇鳩勢未夷犀牛道彌惡千里會葭萌崩騰似相索漭漭竟同流西逝連井絡九十九峯間廻首一錯愕

又昭化夜泊詩　浙淅風欺枕明明月入船三巴空有淚獨夜不成眠流岩魚鳧國凄其鴻雁天故園梅信早歸去逼殘年

李化楠桔柏渡詩　渡頭兩日風色惡行人欲濟還驚愕正愁水窟驕黿鼉坐見車馬塡城郭我來已是風浪平崖邊猶聞瀧瀧聲人多船少不得渡爭先擁擠喧石訇清晨坐至日沉西一舟横駕水雲

低遲速由來亦有時曉風殘月隨征蹄

唐樂宇桔柏渡詩 夢斷人初起天寒酒易消白沙千里月黃葉半江潮水木迷青雀風塵微黑貂橫流能涉險漁子不須招

邑令吳天木詩 桔柏津頭古渡船荒城寥落夕陽天行人錯認山林晚問道官衙何處邊

婺源王廷取桔柏津暴漲待渡口號六首 不羨芙蓉水門臨桔柏江夜來春雨足山綠近山窓江水碧如油清光自上樓今朝粧鏡失不見照梳頭昨夜雨傾盆郎行知應募何如溪水乾郎只在家住望夫原化石妒婦亦成津不畏風波惡驚花何處春欲别難爲别吞聲古渡頭妾心同此水相送下渝州渝州隔千里終費金錢十何不上朝天去遲來則速

又昭化夜泊有感 何易于腰笏事詩 畫船春泛益昌城縣令前驅亦世情底事至今傳崛強一山如笏插葭萌

邑令李元桔柏津晚渡詩 八月熟禾黍農忙趁日

暮歸來大江滸趨渡方進艣呵道吏前怒迴船避官府民愚安敢拒饑疲尚延佇余呼吏胥語民愚安可侮盡日事辛苦盡室從亞旅山行不辭霧田歌不辭雨勞勞人卷妻語朝還力努豈無孤村姥昏黑尚犍戶豈無小兒女啼饑待哺乳江濶難晚渡去去毋爲阻車馬余暫駐坐看山月吐

四明邵墩集杜詩 橋斷更尋溪須令賸客迷急流鳵鴒散終日子規啼江動月移石船迴霧趨（起）隄天影劍閣外秋色有餘悽

張邦伸桔柏渡詩 嘉陵出五泉白水來西傾千里滙桔柏江勢始縱橫每值夏秋漲山容驚砰訇憶昔天寶初車駕遷南京龍舟涉巨浪雙鯉夾以行此後患沉溺歲難僕數更況經津吏輩需索到筐籯行人坐渡頭往往淹雲程吾願賢司牧利濟勞經營或爲浮梁渡或爲打槳迎務使往來便毋俾涉者爭書以告後世庶幾王道平

張問陶桔柏渡懷何易于詩 二水依然繞縣流唐家仙吏古無儔榷茶獨喜焚明詔腰笏何妨引書

舟碑下耕農應墮淚桑陰蠶婦不知愁咸通舊史孫樵筆常使行人重利州

富水洞在治西北三十五里路極窄燃燭而入初由左進徑頗坦直歷二洞門進內洞過馬鞍橋歷三洞門內有大潭神龍居之無敢入者每暵旱禱雨命巫取二洞之水祝之輒雨康熙五十八年邑令何秉忠嘗取水於洞霖雨果降乾隆二十年署令郎嘉卿禱雨亦如之乾隆五十年署令李元禱雨亦如之洞內留題取水姓氏有龍安成都縣州及漢中人亦不憚遠矣明崇正間有題聖水龍湫者書法遒逸百餘年後墨迹猶顯但年月姓名脫畧耳

泥溪在治南二十五里源發寨子渠南經孔道新合架梘溝之水又南合大木樹橋下之水又南出石門峽又南至沙田壩合入頭山溪水又東南合五顆堆溪水又東合白衛溪又東入嘉陵江

野鴨溪一名野溪濠在治南一百三十里源發鰲盤山又北合仙人山之水又西流至虎跳驛入嘉

陵江京山吳壽春詩石齒稜稜下小溪嘉陵會合水還西蘆花飛處沙背白魚艇移來柳欲低稚子緣泉修曲澗老翁運石作山梯誰家野渡秋林外不是桃園路不迷

香溪在治南一百七十里源發帽盒山西流至香溪口入嘉陵江王漁洋蜀道驛程記曰次虎跳驛過長陽灘東灘竹灘樓門灘香溪蒜渡鴛溪口鴦溪口亭子口

鴦溪在治南一百九十里東流至鴦溪口入嘉陵江左右二溪如鴛鴦然故名

通樹溪在治南二百一十五里東流入嘉陵江

鴛溪一名鳳溪俗名院溪在治南二百二十里源發盤山西流入嘉陵江

靈寶河卽水經所謂西谷通志所謂牛頭河也源自平武縣流來東南流至三盤子合孔溪又東南至沐浴壩合金厰河又東南至白水街入白水

焦溝卽水經所謂東流水也在治北一百二十里

源自寗羌州流來西南至界牌場入昭化界又西合廣溪又西南流至焦子口入白水

廣溪在治北一百二十里源出近山西南流至白家壩入焦溝

羅圈溪俗名洛陽溪在治北八十里源發磨刀溝西流入白水

唐天溪在治北七十五里源發大高山石條溝南流入白水

牛心溪在治北七十里源發平武縣老鴉岩東流入白水

周溪一名小河口即水經之剌稽水也在治北六十五里源發竹林埡流交廣元界內灌溉諸田西流至三堆東壩西入白水

平溪源自平武縣流來至三堆西壩東入白水

菖溪在治北三十五里中產九節菖蒲故名源發官牧山至荀村壩合蓮花洞之水又西入白水蓮花洞上有小岡謂之蓮花塥每聞轟聲如雷輒噴水丈餘不知是何靈怪也

皂角溪在治北二十二里源發石關近山東流入
白水
燕子溪一名燕子漬在治西北一百三十五里源
發燕子岩北合樓子壩水西流至七乂口入清水
梭溪在治北一百一十里源出葛頭壩以兩岸多
梭草故名松蓋壩之水至蘇家渠一山横截高數
十丈水無從出下有一洞名落水洞有數畝寬水
從此入穿山而出可七八里之遥山裂二洞一名
乾龍洞一名明水洞夏月雨暴則二洞並有水流
冬月祇明水洞水不竭魚多惟白鱗魚廣味亦佳
合葛坻壩之水西流由梭溪至文江口入清水
蔡溪在治西一百四十里源自江油縣之雁門壩
東流入清水清水至此始可行舟
奇溪在治西六十里有二源一發泡麻池南流爲
魚洞河一發龍子溪至鴛鴦壩合流南至手板岩
東入清水
富水在治西三十里俗名龍王溝通志謂之老龍
江源發富水洞東流爲龍王溝自白草壩以下築

堰溉田百餘畝其餘流東至寶輪院之西注於清水

海棠溪在治北三十里池不盈丈旁植海棠數株冬月澄清不流

凉井溪在治南二百四十里龍門山之下四圍皆山有泉甘潔而石龍二道繞之旁有古樹數圍高十餘丈自根至稍俱係空洞而枝葉繁茂如故

玉女泉在桔柏津東一里其上有玉女房

白雲泉在治南十里

凉水泉在桔柏渡路旁寬不盈尺深五六寸而冬夏不竭行人多飲之以祛暑按通志又有板石鋪之自湧泉約一邑之中泉井以千百計不勝書也

羣珠灣在治北四十五里白水灘也灘石陵惡舟挽甚難

縣西三十五里王家河左側於道光年間新開龍湫祈禱立應灌田數十畝

縣南百里興泉寺文昌龕下出泉涓涓不絕歲旱祈禱輒應居民利之

重修昭化縣志卷之七

輿地志六

城池

縣城坐翼山山勢向東而城居其麓轉而向南山迴水繞繪手難工然城殊善藏其用自東北來者一路山勢聯絡而城不可見見城則及桔柏渡矣自西南來者迤邐下翼山十五里直抵山麓而城不可見見城則及西門矣

舊志曰舊係土城明正德間包築以石週圍三里七分共墻四百三十八丈高三丈厚一丈二尺上覆串房四面有樓東門曰瞻鳳南門曰臨江西門曰臨清北門曰拱極城壕四圍積水於其中崇正二年於正北增築一臺名曰金線繫葫蘆巍然壁立登臨其上俯視四面瞭若指掌今亦廢矣

乾隆三十一年邑令李宜相領銀一萬七千八百六十五兩七錢五分五釐九毫七絲修築因不符原估駁飭邑令吴廷相折修東西城墻等處於三十六年完竣嗣後偶有坍塌俱經各任補修其城

圍長四百八十二丈零五寸高一丈五尺垛高五
尺底厚一丈二尺頂寬八尺外圍石砌裏面石脚
磚身東門曰迎鳳西門曰臨川今改爲登龍北門
曰拱極南城無門各城門樓係嘉慶十年署令邵
友渠勸捐重修
舊縣志城池甚爲鞏固山抱水環形勝屹然但南
門一帶低而近江又値清白嘉陵三水之衝夏日
水漲浩瀚如海幸而三水先後漲歇猶未爲大害
及夫三水齊漲則北之安昌壩西之曲回壩東之
土基壩板筵壩俱爲水區橫流之勢乃繞城而東
注兼之沙土疏浮基址難堅雖數十年來無潰決
之虞而守斯土者未可不一留意也
國朝王士正昭化縣詩亂山圍一縣哀柝下初更近郭
雙江合扁舟萬里情浪翻寒月影風急夜潮聲何
限人間事茫茫恨未平
又晚至昭化縣題孔令見野亭詩葭萌朝掛席弭
棹欲三更月上嘉陵水山圍漢壽城主人具雞黍
邀客啟柴荆修竹吾廬似因之故國情按漁洋秦

蜀驛程後記曰 抵昭化縣無城郭館舍宿鄉人孔令毓德見野亭孔令山東人與漁洋同鄉故曰鄉人見野亭今毀無考

傅卿額昭化舟中詩 孤城一夜宿冒雨下輕舫歸日三冬盡征途萬里長灘聲連白水山勢帶青羌最愛斜陽外溪流粳稻香

隆昌縣令朱雲駿昭化縣詩 煙際帆初卸孤城景物幽人家濱桔柏故國屬苴侯飛鳥投巖月清飈發棹謳只愁明日路捫葛上牛頭

丹陽陸炳昭化縣詩 郭繞平田曲水分秋風禾黍動紛紜山當人面迎斜照馬上牛頭入暮雲何令舟橫走刺史費卿棋罷識將軍行行無復前賢迹試看誰留勒石勳

重修昭化縣志卷之八

輿地志七

關隘

梅林關在治東六十里係由府至陝西大路元至正間迭木耳將軍屯兵於此有射虎碑存焉明正德中有鉄耳大虎潛迹樹林伺人而攫食之行人阻絶龍潭驛百戶貫通率軍校射其大虎生捉二虎子於穴而斃之升菴楊太史壯其事作射虎行

楊慎射虎行 錦毛黄斑雙耳鉄梅嶺白日行人絶壯士彎弓與虎决唬聲喊山箭滿血生提虎子出虎穴七十骷髏死寃雪肯使饕餮再萌蘖赤焰爍雲翠微熱岡原兀兀山節節窒洞封壑比卯垤清風洒滌腥風滅行人言之猶吐舌嗚呼貫侯才傑有如此何不早竪三邊烈

曲阜昌梅嶺關讀射虎碑詩 梅嶺路崎嶇耽耽虎負嵎山深恣洞壑霜飽老牙鬚不有神機發誰將此物誅謫臣英爽在迴首一踟躕

渡口關在治東二里桔柏津東北入川諸關隘皆

恃山爲險而此則恃嘉陵江爲險也宋元嘉十一年置戍葭萌水即此明吳百戶禦賊於此賊遂不敢渡江而西舊志云古有關門設守啓閉

白水關通志在治西北一百二十里東接陽平西達平武北連文縣最爲要隘蜀志先主斬楊懷高沛於白水關張瑩漢南記蜀有三關陽平江關白水梁州記漢李固解印綬處水經白水有津關段元章善風角有弟子將歸元章封筒授藥曰路有急難開之弟子到葭萌從者與吏爭打傷開筒言破頭者可以此藥裹之弟子歎服還卒業焉亦廉叔度抱父柩自沉處也

國朝雍正七年設巡司於此乾隆元年裁

天雄關在治西十五里入蜀而來殆與七盤朝天二關聲勢聯絡實劍關之密鑰也乾隆三十五年邑令吳廷相建新亭其上

吳廷相新亭記蜀道之難莫如棧而西棧之險又甚於南上自寧羌下逮武連鉤山帶河綿亘六七百里所謂連雲者也而聳南棧之脊作連雲之柱

者厥惟牛頭山前有凉亭臨崖署郡守宋公思仁過此惜其喧襍而不堪坐眺也謀於後殿之右創建新亭以爲遊人憩息之所而邑紳李重義倡義募金鳩工庀材作始於仲秋而訖工於十一月廟貌式煥亭榭聿新余乃延諸紳士酌酒而告之曰宋公以銜命遑恤之身偶爾寄情諸君子卒有以終始之將使後之治斯者燕息有所遊觀有地則江之聲山之色益得邀翰藻而發奇靈是一時之創造而永百代之芳躅豈偶然哉余旣以上復宋公而又多諸君子之好義多材果能相與以有成也於是乎書

重修天雄關殿閣記　乾隆五十九年　署令朱泰茹

邑西十五里有牛頭山穹窿綿亘屏障西南昔名天雄關乃昭邑八景之一地當通衢山巔舊有關壯繆祠祠後供大士像歷久漸圮壬子歲川東道憲王啟焜過此仰瞻之間慨捐廉千餘金諭署令陳公煥章監督其事並於祠旁添建一閣不久落成游人韻士憑欄遐矚其四壁山光雙江煙水宛

列　圖洵爲葭關第一勝地第急于竣工基址鬆
陷年餘已崩塌余於癸丑重九後代庖茲土復捐
資重修僱夫鳩工向之築以土者今累以石土之
下以石爲脚基之旁以石爲桿相度經營不遺餘
力四閱月而殿閣巍峩頓復舊觀夫而後可以多
歷年所矣嗟乎昭邑爲衝要之缺宰其地者差徹
紛繁奔走殆無虛日鮮有逸致閒情留心于清勝
之境惟王觀察重建於前余復踵於後俾高峯傑
閣長留孔道得以妥神靈而壯觀瞻余願差遂然
將來風雨飄揺頻需保護仍望後之同志者嗣而
葺之也是以爲記
按道光六年署令彭先華縣尉戴廷珪重修並添
奎星閣一座
督學吳白華先生天雄關雨憩詩天雄關隱牛頭
半東斗闌干日中見入牕缴裂狷鳥迴多少征人
淚流霰後馬頭頂前馬蹄兩蹄一攖升一梯千梯
萬梯逼霄漢喘息溢湧慳扶攜隴樹膠葛秦樹低
嘉陵江樹較近翻悽迷怪爾斷無尺株寸杪媚烟

色惟有鉄稜破碎如鱗如甲排青霓是時牛頭虓
怒欲啣閣黑飈吹帽壞裘薄纖雲竦闒冰子落只
到牛腰不到脚焉得喚起五丁力士來奮牽犁作
川砦屯炊烟苗此共眺西山雪嶺東日邊我行不
能住不得玉女開笑電搜壁

沈聯芳詩 虛閣盤山角崔巍若建瓴扶欄愁駐足
立馬可捫星波湧雙江白雲連二劍青牛頭何岁
崱屴作益昌屏

趙秉淵詩 蜀江青可憐蜀嶺險可怕牛頭與雞頭
對待不相下奮角何崢嶸雄關塞其呀策馬賈勇
登飛閣憑空架浩浩天風吹恍駿紫鸞駕羣峯合
沓圍嘉陵屈曲瀉我來萬山中折坂馭屢叱茲遊
冠生平輿軼靈運謝高歌捫井幹襟期鬱難寫

方積詩 躍馬公孫亦壯哉重重天險截雲開英雄
原不臣新室帷幄如何失楚材龍種自殊提劍起
虎牙可畏逼人來鯨蛟老盡雙江冷騰有寒蛙聒
耳哀

李鼎元詩 日出羣木疎山色遞晻靄客子踏雲行

直上青天外雄關踞牛角江似蹄涔會同頭二劍山淬鋒將安賴踵觸後來人幾成滅頂害四山爭向背形勢辨襟帶時清關吏踈奸民或猥猾頗聞渡口人欺客恣狡獪孤商休夜行毒魚如蟒大

李驥元詩 左排山萬峯右抱江一道矗矗天雄關銜霄崖未了地據西南雄天圍秦隴小波濤碧油油霜霰白皓皓自經閣道行羣山入懷抱及茲歷益高如鶴凌蒼昊但惜往來人扳梯增懊惱

邑令吳廷相詩 雄關晴聳翠光流俯瞰雙江滿磴秋只爲離亭貪愛日却忘短景下山樓

簡州牧宋思仁懷古詩 劍閣望微茫登臨正夕陽雄關設天險沙渚落魚梁山色逶迤渡江波繚繞長定危思敬國晉志弔平襄恥甚譙家子悲哉北地王淒涼丞相死慟哭侍中亡可愛金湯業曾教兵革荒野花只笑日衰柳幾含霜春草年年綠秋風葉葉黃變遷時一瞬興廢古多 鳥與雲烟會人從名利忙此間惆悵客不爲苦他鄉

川東道沈濬園先生清任題壁詩 蜀川諸峻數牛

頭自此延緣入劍樓形勢只今稱扼塞干戈當日
鎮淹留嘉陵一線分盤腳綿漢千峯盡到眸我欲
從我投筆去王師已喜凱歌收自註時小金川甫
入不靖西南兩路軍報大捷不日蕩平故喜及之
樂山舉人蕭令韶詩牛頭東下鎖嘉陵一望愴然
感廢興大膽當年勞猛將危樓此日臥慵僧幾堆
戰骨埋枯草無數荒坵長蔓藤欲覓襄平擒賊處
青山半出白雲層嘉陵名勝別成溪畫手誰將一
卷攜水勢秦來還過楚山形北向自圍西迴瀾曲
澗圖難肖列磴攢峯望欲迷立馬雄關重掉首雖
無粉本亦留題
吳興朱基偕同入登天雄關弔姜平襄侯分韻得
從字詩朝出益昌郭攬勝攜朋從巍巍天雄閣高
插青芙蓉輿丁恃捷足賈勇披蒙茸須臾凌絕頂
憑眺舒心胸東有嘉陵詰曲如環帶西峙劍閣突
兀之危峯平襄當日此血戰關門百戰勞梯衝譙
黃賣國真堪恥忍使斤堠傳烟烽陰平失守非天
喪至今遺憾留巴邛我來此地弔陳迹英風凛凛

生寒松花榛古木子規啼殘碑斷碣蒼苔封嘆息
斯人不可作凭闌酬酒傷我悰安得御風此山上
飛上青天騎白龍
陸象拱弔平襄侯詩中原戈甲會如林壯士仍堅
報國心偷度陰平誰失險老支劍閣獨難任樸糊
畫壁春苔䵝恍惚靈旗暮雨沉日月復明空有願
漢江流水作愁音
保寧府知府徐宗幹題壁詩馬向雲上馳人在空
中走人腰細於蜂馬腹大如狗纍纍登仙梯不敢
一回首罡風落帽飛露頂摩星斗
邑令沈楫重陽登天雄關詩雄關秋色逼黃昏天
際征鴻共斷魂林外僧歸紅葉寺渡頭人立白雲
村凉風巒嶂時飛雨落日江村早閉門野菊滿堤
香入袂依稀猶記漢安樽
石門關俗名石關子在治北二十里元和志在景
谷縣南八十里因山爲阻昔諸葛亮鑿石爲門因
名蜀都賦緣以劍關阻以石門梁書楊乾運拔劍
閣法琛退保石門寰宇記山有石壁相對望之如

門故名今石關上一里茅班口兩山開劈白水流其中對岸爲紫蘭隘舊設兵防守之
嵐溪關〔通志〕在縣南八十里或曰嵐埡子亦名弔埡子止容一人魚貫而上
望喜鎮〔通志〕在治南江水折而東流處卽廣元之望喜驛也

沐浴壩係金厰河之水

重修昭化縣志卷之九

輿地志 八

隄堰

縣境之田有五種一曰沙地沿河淤壖冬見夏没一片白沙望之如銀一曰山地岡嶺之間刊木薙草以坡爲田以石爲土不糞不蒔乃亦有秋一曰窪田或低下之區不利旱種或大山之麓漲流所歸一曰塘田平源之際掘土爲池塘以蓄天雨有餘則蓄之於塘不足則出所蓄以洩之於田一曰堰田源泉混混晝夜流注穿渠而引之旱澇可以無憂惟堰田爲勝縣境可紀者八堰

龍王溝堰係富水洞之水

天隍院堰係西江之水

廣溪堰係廣溪之水

三堆西堰係鹽井溪之水

三堆東堰係龍洞之水

西隍堰係天隍堰之下流

梭溪堰係明水洞之水

重修昭化縣志卷之十

輿地志 九

津梁

水觀音西橋一道長二丈寬八尺

板筵壩東北橋一道長二丈寬八尺係石橋

西門外橋一道舊名廣濟橋長七尺寬八尺係石橋即通志寧濟橋也

新鋪塘東橋一道長二丈寬四尺

劉家溝橋一道在竹埡之西長二丈寬八尺道光初年大木樹陳忠孝獨力捐修石橋一座

白衛溪橋一道長四丈五尺寬八尺

大木樹西橋一道係石橋

一洞橋在石橋之西係路斷而橋以聯之非溪澗也亦累石而成甬上楊乾元題曰一洞橋

孔道新西橋一道長一丈五尺寬八尺

楓香溝橋二道下橋長二丈五尺寬八尺上橋長一丈五尺寬八尺謂之雙橋

架梘橋橋一道長三丈五尺寬八尺係石橋

索橋一道在孔道新之東溪濶十一丈有奇夏水漲隔文報難通乾隆三十九年署令謝泰奉設以渡文書兩岸各築方架一座上鋪木板如哨樓式篾纜一根兩端繫於樓上上套鐵圈圈繫方鐵架架內設木匣各拴麻繩長如竹纜文報貯於匣內鳴鑼知會則彼岸拽繩鐵圈自到可免遲悞之咎

棧橋在白水岸有故迹十餘所皆石鑿圜孔以立橫梁其孔深二三尺每孔相去不及一丈粗石棧更鑿平穴布受版木蓋諸棧之中惟粗石棧最險

舊有碑刻棧道銘今毀

歐陽詹棧道銘秦之坤蜀之艮連高夾深九州之險也陰谿窮谷萬仞直下奔崖峭壁千里無上互隔岈絕巘巘冥冥麋鹿無蹄猿猱相望自三代而往蹄足莫之能越秦雖有心蜀雖有情五萬年間曼不相接且秦之與蜀也人一其性物同所宜嗜欲無餘原教化無別門可貿遷可親昵擘折地脈睽離物理豈造化之意乎天實凝清而成地實凝濁而形當其凝也如鎔金下鑄騰雲上浮空隙有

所不開迴翔有所不合澄結以定竅鈌生乎其中
西南有漏天天之竅鈌也於斯有斯地地之竅鈌
也天地也者將以上覆下幬含蓄萬靈可通而必
使通者也苟有可通而未通則聖賢代其工而通
之故有爲舟以濟川有爲梯以踰山惟茲地有川
不可以舟涉有山不可以梯及粤有智慮以全元
造立巨衡而舉追氏縋懸繾以下梓人猿垂絶冥
鳥傍危岑鑿積翠以全力梁半空於未用斜根玉
壘旁綴青泥截斷岸以虹矯繞翠屏而龍蜿堅勁
膠固雲橫砥平總庸蜀之道途統岐雍之康莊都
邑之能步山川之無脛若水决防如鴻嚮陽南之
北之踵武與湯躋峩峩以自怡臨蒼蒼而不懼由
是贄幣以遥遠人神以會同積禮樂之短長量威
力之汙隆可王者王可公者公而相吹以風或日
受琢之石長存可搆之材無窮易刓代盡斯道也
未始有終嗚呼爲上懷來在乎德爲下昭德在乎
義德義之如今日則或人之言有乎其反之則石
雖存恐不爲琢材雖多恐不爲搆想夫往昔有時

而有有時而無是用惕惕天下喁喁知聖賢創物
之意之人寡明德義因物之道之人稀敢陳兩端
之要銘諸斯道之 左庶主德義者存今日之所履
踵武湯者荷古人之攸作乃銘曰天覆地幬本末
備設大象難全或漏或缺損多益寡聖賢代工彼
雖有缺與無缺同惟北曰秦惟南則蜀地缺其間
坤維不續斗起斷岸屹爲兩區秦人路絶蜀火煙
孤天寶不通賢斯有造鑽堅惻劲無蹊以道若川
匪舟若陸匪車緣危轉虛步驟交如搆雖有功存
亦由德項佛劉怒從完以踣墮落我營自顛而植
地非葦勢材不易林培植之致惠恕之心勿謂斯
道不常勿謂斯道可久禮不以禮可有而無恭不
以恭可無而有創之之意如彼因之之理若兹彼
知不易兹而易知勸銘道左其因我思
馬鞍橋在縣北富 水洞
白鳳橋在北門外
高橋在縣北六十里
桔柏渡在治東二里明有浮梁今移保寧[按]後唐

莊宗時李紹琛伐蜀蜀主斷桔柏渡津浮梁是浮梁之設久矣但夏水暴漲非浮橋所能敵乾隆三十九年署令謝泰奉文於渡口修立索橋旣成因索長勢重扯拽不行而止舊設站船二隻每船六撓長六丈濶六尺厚一寸九分定例三年小修五年大修十年拆造每逢拆造之期詳請動支司庫銀兩每隻銀二十五兩三錢一分五釐舊料變價約每三四兩不等歸項湊用自道光二年新造後隨時修補未請動支十八年署令夏文臻具詳十九年署令毛士驥奉修除變價七兩九錢八分九釐外領銀四十二兩六錢四分一釐照式修完其水手撓夫工食歲支地丁銀報銷又有渡船二隻本縣修買渡夫四名各日給工食銀二分亦本縣捐給每遇漲時先期通報庶免遲延之咎

榆錢樹係牛寨壩往來之道在治東十五里桔柏上游只此一渡

射箭渡係東通板石鋪西通泥溪往來之道在治南二十里

朝陽渡係東通掛溪西通朝陽堡往來之道在治南三十里

紅岩渡係紅岩寺通劍州往來之道在治南四十里

黃金渡係黃金口通劍州往來之道在治南六十里

陶魁渡係陶魁堡往來之道在治南七十五里

江口渡係通劍州往來之道在治南八十里

邢灘渡係邢家山往來之道在治南九十里

野雞渡係虎跳上渡在治南九十五里舊設站船四隻水撓三十二名今裁蓋舊道由保寧抵省差使往來率乘舟南下省夫馬且速故廣元朝天關至縣城爲一小站縣城至虎跳爲一大站官設更換遞送也

羅家渡係虎跳下渡在治南一百五里

青溪渡係由凝口通劍州火寧寺往來之道在治南一百一十五里

香溪渡係西通劍州東通永寧鋪往來之道在治

南一百二十五里
鹽溪渡係東通蒼溪施店驛往來之道在治南一百三十里
通溪渡係雞頭埡往來之道在治南一百四十里
以上十五渡皆在嘉陵江
青樹渡係由北門外通土基壩往來之道在治北五里
紫蘭渡係由石關子通安昌壩往來之道在治北二十五里亦古渡也舊設隘防守左爲石關右爲紫蘭隘
菖溪渡係白岩山往來之道在治北四十里
三堆渡係三堆上下二壩往來之道在治北六十里
周溪渡係小河口往來之道在治北六十五里
牛溪渡係由牛心溪通鹽井溪之道在治北七十里
伍家渡係渡白水西岸往來之道在治北一百三十里自石關而來一線山徑迤邐傍白水東岸行

至寨子巖而路絶故設渡於此今爲王道人鑿開
巖徑改渡上游
白水渡係陽平關往來之道在治北一百四十里
此係古渡卽水經所謂津關也以上八渡皆在白
水
清水渡北通安昌壩西通寶輪院之道在治北十
五里
白田渡係白田壩燈柱壩往來之道在治西北四
十里以上二渡皆在清水

重修昭化縣志卷之十一

輿地志十

公署

宋元以前不詳舊志明洪武八年縣令郝信甫建大堂三楹二堂三楹儀門三間大門三間及內室廂房書館花園倉庫其後稍有傾圮隨時修葺無可考者崇正十年邑令沈仕奇因大堂頹敗重建之兵火後僅存大堂後樓而已順治七年邑令劉見龍建大堂三楹儀門三間大門鐘鼓樓三間內室三間左右卧室廚房各三間十四年邑令高而明建倉房五間於大堂下康熙二十三年內衙燬於火邑令吳天木重建之二十七年邑令盧承恩因堂東有主簿衙署奉文裁革改建馬廐三間西亭一座花園臺榭一所三十二年邑令孔毓德東建庫房三間西建書館三間又以大堂之下有東西倉廒各五間於體制爲不宜乃別修倉廒而即其地爲八房書舍

乾隆五十七年邑令孫文起修頭門三間二門三

間東西角門二間聖諭牌房三間大堂前抱廳三
間大堂三間二堂前抱廳一間二堂三間三堂三
間書房三間共用銀一千三百二十一兩餘八房
辦公處係八房書吏自修嘉慶二十一年邑令曾
逢吉補修頭門儀門等處共用銀一千四百二十
三兩道光三年邑令謝玉珩又重修三堂四堂五
堂等處
典史署舊無可考康熙三十九年縣尉袁巘吉重
建嘉慶二十一年縣尉戴廷珪又重建即今治也
邑令吳天木昭署即事詩蔡嵩掩徑即城墟官舍
民廛盡草廬急走江聲灘似怒徐看山色樹還疎
人烟盡入羲皇俗風景何如漢魏初若使繪圖曆
御覽春光次第慰樵漁百雉花村何處論柴扉石壘半江
村碑殘蛩壁蛩叢桂草沒梵宮有夜猿靜對翠微
消白晝私傳玉漏失黃昏（蜀俗點更無序）豚魚計日鬧中
市走徧城闉豈憚煩
邑令盧承恩葭萌漫興詩春風亦奈下殊方嫩綠
新紅散野香座列圖書貧豈病民能耕讀少何妨

沿山樹色來窗外徹夜 江聲落枕旁不必屢愁烽
火後好 删荆棘築泥墻畫卧時多自不羈閒簾放
目縱遐思幻憐雲白難持贈秀愛山青強療饑半
畝花繁侵案牘一爐烟細散墻籬政閒獨幸奔馳
少明月清風雨得知祇餘水秀映山清瓦礫堆中
認縣城望去總非廛市色聽來都是鳥禽聲青禾
岸下新開隴白石江頭舊扎營撫字愧難收速效
粗知禮讓漸忘爭江水滔滔莫問休誰憑一 柱砥
中流膏腴未就肥民計花柳難消瘦貌憂數月近
聞猪可豢三更不見虎能倫傳來故國笙歌滿未
敢疎狂憶舊游

重修昭化縣志

第三冊

卷十二輿地志 街巷

卷十三輿地志 里鄉

卷十四輿地志 祠廟

卷十五輿地志 陵墓

卷十六輿地志 古蹟

卷十七食貨志 蠲賑

卷十八食貨志 田賦

卷十九食貨志 倉儲

重修昭化縣志卷之十二

輿地志 十二

街巷

縣門橫街一道地勢稍高堂廳二署建於街之正中其右達於學街而左達北街

北街上出拱極門中有節婦吳李氏孝子吳培愿二坊道光十九年立里閈對出比屋連甍自下達於正街

正街左出迎鳳門右向則徑達西城而街南爲文昌宮爲明倫堂爲學署街北爲城隍廟爲痘疹庵爲龍王廟又北轉達於學街

學街文廟在焉西爲梵天院又西爲武廟自上左轉爲縣門街下右轉爲正街

正街由驛路中轉向南直下謂之中街中有孝友王杏舒石坊嘉慶二十三年立側有箭道一所地勢宏敞城守之廨在焉大井一區水味甘潔寬六尺深十餘丈給城內居民百餘家之汲引其前爲火神祠

中街南出無門路遵右轉謂之西街設龍門書院於此西爲藥王廟右出則爲登龍門舊志謂北街爲孝弟街正街爲忠信街中街爲禮義街西街爲廉恥街不知何時命名居民至今傳說

縣門前巷在照壁之前直達中街

縣門西巷在龍王廟側由縣門右轉達於正街

東門内水井一區水味與大井同寛五尺深八九丈給城内外居民百餘家汲引

東門上巷向南直下右轉箭道又直下轉西街奎星樓在焉

西街斜巷北達學街

西門外底塘一所又西爲五神廟又西爲武侯祠又西爲費公碑亭費公墓費公祠費公坊北爲北壇南爲南壇再北爲梓潼廟西爲義塜

東門外公館一座係差使往來之所額曰行臺左右東西轅門又東爲三義廟接連明朗樓又東爲陳賈氏節孝坊又東爲東關關外則桔柏渡沙壩矣城内外居民不過三百餘家舖店不過百餘家

醇樸邁於他邑
北門外倚城高阜處係明時文廟基址迤北爲北鳳橋橋東先農壇橋西厲壇又西北直上爲三清廟三官廟東嶽廟又橋北亦爲文廟基址現立倉聖宮又北爲義塚南門外亦有義塚
大木樹公館一座係道光三年邑令謝玉珩重修用銀三百一十兩共修房十九間
李調元大木樹詩 曉投大木樹陂陀何骫骳藤蘿胥老樹山骨帶石子人行雲氣中馬嘶深澗底風聲鼜走雷雪落峯藏碧參錯出層嵐漸露小村市囘望劍門關且覓古車軌
張問陶雪後宿大木樹詩 瘦嶺聚靈奇人烟澹不怡蓊雲千樹惡載雪一峯危廟古山君得崯空木客移捫床驚鬬鼠嘆息此何時

重修昭化縣志卷之十三

輿地志十二

里鄉 場市附

縣舊立二鄉曰安昌鄉白水鄉每鄉十里每里十三甲蓋縣之北境古屬白水縣縣之西境及近城古屬益昌縣縣之西南境古屬永歸臨津二縣縣之東南境古屬葭萌縣故安昌白水取古治爲名而南境割入劍蒼無古可附舊以虎跳等處爲下白水則非矣不知何時依時節爲名也凡六里

春王里　曲同壩　鵰鶴岩　石馬坪　七岔口
茅壩子　凉水井　樓門場　明水壩　綦溪河
梭溪溝　平霧壩　翰林壩　石龍場　安昌壩
紫蘭壩　茅班口　海棠溪　杜家壩　粗石棧
龍家溝　三堆壩　牛心溪　偏橋子　青林口
黃泥壩　蓮花池　大高山　女兒碑　水磨溝
蘿蔔溪　陳姑井　虎頭寺
清和里　寶輪院　石橋子　白田壩　富樂廟
張公嶺　黎樹屯　鵞掌壩　松蓋壩　富水洞

苟村壩　蓮花堝　白岩背　渭子廠　背影溝
白草壩　土基壩　牛寨壩　尚家營　走馬嶺
下西壩　桔柏渡　擺筵壩　榆錢樹　漢王山
五佛岩　孔家埡　板石鋪　三岔河　黑水塘
梅樹鋪　巾幘堡　石燕子　射箭河　鳴覺寺
龍爪灣　水桶壩　蒙梓埡　天雄關　牛頭山
五顆堆　新　鋪　竹埡子　人頭山　大木樹
孔道新　松樹橋　高廟鋪　朝陽鋪　沙壩河
天中里　椒子口　白家壩　五里埡　張家溝

毋家院　五狼壩　白水街　西隍院　續子溝
倉　坪　龍灘灣　寡婦溝　三堆溝　車山溝
插楊溝　天隍院　沐浴壩　西江河　漩坪溝
金廠河
修禊里　陶魁堡　鏵尖營　紅岩寺　漩口堡
金針廟　大蘭山　蘇山堡　大坪山　馬鞍山
白頂子　羅張埡　三陵山　萩溪口　九曲山
新　觀　天池山　鶯溪口　得鹿山
花朝里　改嶺堡　長嶺堡　羊鳴堡　火飛山

石城堡　石門寺　龍門山　佛山埡　石虎山
風洞埡　石鑼鍋　府君廟　東嶺寨　金寶寺
積陽里　劉　旗　討口墳　太公寺　觀音閣
姜　旗　撬盤觀　石埡子　馬　旗　金子寺
古石路　迴龍廟　沈　旗　馬到院　金寶寺
五龍山　龍門觀　虎跳驛　香溪寺　長陽寺
大石砍　院溪寺　張　旗　高道觀　邢　旗
黃金口　明水觀　三溪寺　仙人山　宋家觀

按明制龍灘驛有百戶所一員其屬有總旗小旗分司軍屯今旗所已革仍沿舊名

場市

本城城隍廟場
春王里　石龍場　三堆壩場　水磨溝場
涼水井場　樓子壩場
清和里　寶輪院場　白田壩場　大木樹場
梅樹鋪場
天中里　白水街場　天隍院場　劉家場
積陽里　太公寺場　黃金口場　虎跳街場

修禊里　鴛溪口場　紅岩寺場

花朝里　石城場

重修昭化縣志卷之十四

輿地志十三

祠廟寺觀等附

武廟在東門外大殿三楹前有戲樓一座門外凉亭一所舊爲三義廟康熙二十一年邑令盧承恩卽殿後空基别爲三楹祀關聖道光六年邑人士新建於城内西北隅歲春秋之仲月上辛日致祭

邑令盧承恩題三義廟詩金戈鐵馬慣盤旋人力何當可勝天巴水無情流漢月楚江有恨鎖蠻烟

乾坤數就三分在今古名空五虎傳試自葭萌尋往蹟雄風得覩舊山川

風雲雷雨山川壇在西關外道南雍正十年建木主風雲雷雨在中山川居左城隍居右歲春秋之仲月上戊日致祭

社稷壇在西關外道北雍正二年建木主社東稷西歲春秋之仲月上戊日致祭

先農壇在北關外雍正十年改建道光二十四年邑令徐樹楠重修耤田四畝九分每年遵部頒日期致祭

厲壇一名無祀壇在 北關雍正七年建歲清明中元下元日致祭中元日又於桔柏渡祭難民之溺死於嘉陵江者明崇正十年張獻忠令僞將張虎徇廣昭之地取民間男婦千餘人殺之於桔柏渡每風雨夜聞鬼哭聲順治七年邑令劉見龍為文祭之而安

劉見龍祭桔柏渡文 咨爾孤魂罹此大刦匪人是尤實天作孽天降喪亂産此無良檮杌窮鳥屠此

一方老稚何辜膏血刃窮火荒村搜羅已盡歲屆乙酉賊將仇民厥凶降昭促野歸城遍發寇兵四圍羅集烈炎燭天雨城如炙中間赤水橋曰枯柏焚梁毀屋百刃共積哀我士女莫分男婦驅納江中屍填河渡十千慘鬼七載莫訴沉陷碧血白骨青燐（字闕八）上下隨波遊魂莫止夜月淒風誰焚陌紙予令斯邑時來河畔咨諏民間凶矜是念仗延寶筏度茲羣靈霎時浪湧白日現形幽明罔殊人鬼一理綏爾九泉寧我百里爰商士民襄此良緣拯救諸苦以控於天伏願神祇洋洋降鑒拔此孤魂式登彼岸諸魂目瞑戾氣以消四方生聚共享熙皡

名宦祠在文廟戟門之左舊祀者十九人費禕豆盧勣沈長源何易于吳淵郝信甫王時化劉喬棖李國英杭愛噶爾圖郎廷相李輝祖董教增周燦朱馬喇伊馬喇王隲柯臣（應涿徐昕郭嶷然二人）

鄉賢祠在文廟戟門之右舊祀者十一人羅從哲楊巨源王文佐吳國輔趙伯貴羅彥才王誠曹儼

牟光申克敬吳觀周應滌蔡萬一人
忠孝祠在學宮之左舊祀者十七人楊朝倖牟繼美羅俊才伍世昌伍宏毅楊君倖吳保民貫玗吳培愿王杏舒林茂秀方大昌李天年熊萬伸李柏林朱金榜張登賢應滌廉范一人
節烈祠在學宮之右舊祀者二十三人吳氏羅氏楊氏梅氏楊氏朱氏李氏李氏牟氏李氏劉氏王氏劉氏張氏李氏董氏李氏陳氏賈氏曹氏劉氏吳氏梁氏

諸葛武侯祠新建於西門外五神廟西係六里紳民捐資歲春秋之仲月與武廟同日致祭
新建武侯祠碑記　道光二十五年　署令張紹齡
武侯精忠大節率土共仰而蜀之崇祀尤虔凡以
侯之大有造於　自省垣外府廳州縣皆有專祠春秋致祭無缺禮宜也今春正月余奉委來此訪諸里人則以　侯之像設於東關外三義廟中位置差而禮文不脩爲之歉然夫蜀之奉　侯各邑皆然何獨昭邑無之況昭邑當後漢時爲入蜀

要道　侯五伐中原軍旅往來皆由馬鳴閣經過卽今之粗石棧偏橋是也城北木馬山相傳　侯於山上製木牛流馬石門關係　侯鑿石爲門與劍關聯絡是此地不特爲　侯之所屢經而相度經營頗注意焉惜乎世隔千有餘年當時指揮遺跡無復存者然因其地以懷其人卽其人以想其事流風善政實有惓惓於心而不能忘者又安得不爲之建祠宇修祀事哉爰謀諸本城紳士馬玉壤王明哲等皆樂從轉商之六里紳民亦皆慨然捐輸願襄斯舉乃擇地於西關外自六月興工至十月工畢建大殿三間過廳三間山門三間官廳看司房各一間廚房二間圍墻一道輪焉奐焉規模旣備典禮聿修與各府廳州縣之崇奉無異數百年之缺陷一旦從而彌之非余一人之力實闔邑諸紳民好義樂施相與以有成也不大可慰耶今秋百穀豐登爲大有年邑之人歡欣鼓舞咸以爲　侯之靈有以庇之其信然歟余撫而樂之爰濡毫而爲之記

費敬侯祠在社稷壇之西祀蜀漢費公禕也舊祠今毀乾隆五十年秋七月邑人士建祠墓左

邑令李元費敬侯祠堂碑記

公之輔後主也十有餘年自祁山以後偏安西隅閉關自守不聞出一伐魏之師而姜伯約雄心未已且抑之使不有其權說者謂公之怯非怯也嚴駕已訖對奕無倦其謀畧可知也省讀書記舉目究意其識悟可知也使其部署三軍指揮籌策何必在武侯之下特慮夫先帝遺業之速於敗也是以不爲也武侯身歷行間者數十載屢交魏兵其於魏將之性情爲習而趙馬張魏之徒咸稱熊羆貔虎樂爲之用然且成敗利鈍未敢逆睹公非其時也諸猛將既亡無可恃以勝人者後主昏庸又非大有爲之主且爾時之魏芳髦雖昏國勢猶健虎視耽耽日乘我於不虞而乃出師以招之社稷之不血食奚待炎興哉譬之火焉樸滅之不能寧縱之燎於原毋撥之而使火吾宫也夫公未嘗一日忘魏也延熙十一年屯漢中十四年屯漢壽富強者帝王之資侯時

而動量力而進庶幾其得一當以報焉其時與力之未可則創業難守成亦不易惟拒關守隘緩屯急戰以固吾圉初未敢僥倖於率爾一戰而蹶其守也當武侯病革時帝問誰可與計大事者曰公琰可其次曰文偉可夫姜伯約之隨征不爲不久矣其忠勤時事思慮精密亦可爲天下信而大事不及焉則公之不予伯約以權正武侯之心也偏安西隅閉關自守斯其可與計大事者矣公江夏之鄳人卒於屯漢壽之日昭化故漢壽地西郭有公墓在焉卬壠峩峩祀事闕如邑紳尹之訓王杏舒高安重謀建祠以備春秋之奠獻余爲論列公行事畀之其同心而襄厥成者繆東海王國賢王林董照鄧洪明也例得備書

四忠烈祠在東關外祀宋時張將軍實王將軍佐楊將軍立徐將軍昕也明洪武五年建今毀

朱統制祠在北關外今毀

文昌宮在學街歲春秋仲月致祭春二月三日秋諏吉日[按]西關外梓潼宮舊制壯麗與七曲山爭

勝搜神記曰有神姓張名亞道術顯著廟在梓潼唐元宋幸蜀著靈追封左丞相廣明二年僖宗幸蜀神以陰兵助順見形於桔柏津帝封爲濟順王親幸其廟解劍贈神此梓潼宮之始也

國朝乾隆年間建文昌宮於城內春秋致祭於此而梓潼宮遂廢今正殿粗存諸多頹敗廟前有古碑字跡全剝尚傳爲唐碑云

唐王鐸題濟順王祠詩盛唐聖主解青萍欲振新封濟順名夜雨龍拋三尺匣春雲鳳入九重城劍門喜氣隨雷動玉壘韶光待賊平爲報山東諸將相格天勲業賴陰兵

奎星閣在南門內乾隆四十四年署令葉道傳建

城隍廟在正街嘉靖二十二年建

國朝康熙二十三年邑令吳天木重修乾隆四十二年燬於火邑令高瑛率本城士商復修年久傾頹道光三年邑令謝玉珩督率六里紳民捐貲重建

吳天木告城隍誓文於鑠神靈德惠斯溥天爵攸崇爰奠斯土民人社稷實式憑之疾癘夭札惟神

是司眷茲昭邑孤城蕞爾兵戈載罹廬舍如燬瘡
痍徧野民盡無家老羸溝壑少壯天涯惻焉盡傷
惟神之德佑啟我
皇蜀疆以闖長鯨遁迹釜魚偷生揮戈遥指秉鉞宵徵哀
此殘黎言歸爾室徭役繁興疲於供億緊予下吏
來牧其間惟綏惟恤民命則艱爰啟薦神爰告父
老欲行釐革以副懷保邑有土田蔓草以憑邑有
賦稅版籍無徵或有姦慝遂滋叢弊弱者重科強
則飽肆況當蜀省西南用兵水陸之衝舟楫縱横
悍兵驕卒不絕於邑悉索以供困我民力維民之
力際於顛連出之無蓺室已罄懸徵徭靡止實惟
用艱予心則恫憫此寡瘝鰥之不能拯之無術欲
爲少甦無負於職爰集衆議以告我民毋畏險艱
以保邅迍予則何知予實不德膏血幾何全爾涓
滴爾之大患後固不辭有事則迫無事則弛予心
恐憂惟此渙散千人一心事乃得半凡有重役予
必先之爲民疾痛勞瘁怠疲爾各有心寧不知此
呼之則來百事斯理維豫則立敗於遲遲事必先

辦勿爲後斯旣節其資又省其力恐爾無知尚安舊習識予之言保爾室家貲之廣庭非誕非夸予之寸心日夕兢惕憂民之憂不遑寢食偕民之衆矢於神祇予不民虐民毋予欺邑有大弊予爲釐之邑有大害予爲除之勿視謬言乃置不知予爲民辜民爲吾 子靜聽予言共鑒予志少或詭隨有如此誓

衙神祠在署後乾隆二十六年邑令吳邦熉建今移祀馬王廟

蕭曹祠在署頭門内東角乾隆三十九年署令謝泰建道光七年八房書吏捐資重建

獄神祠在署頭門内西角監獄之内乾隆三十七年署令高瑛建

馬王祠在署東馬號之内乾隆三十三年建嘉慶七年邑令熊謁和修馬王廟三間戲臺一座道光二十一年邑令張雲行修抱廳三間

火神祠在箭道街乾隆二十六年建四十四年重建

龍王祠在正街西乾隆三十三年邑令高瑛及署令張天祿建邑紳尹之訓董其事道光四年邑令謝玉珩重修又富水洞亦有龍王廟明邑令李仲實建歲旱禱之輒雨

按邑舊有養濟院前明在五神廟有萬歷碑可考乾隆年間設立在城內之龍王廟今廢

江神祠在桔柏岸東乾隆四十二年邑令高瑛建今廢

梵天院在城西北隅正殿係康熙十三年建康熙丙子邑令孔毓德重建後殿係乾隆六十年邑令張瑜復建題其額曰慈航普濟

痘疹菴在城隍廟西道光四年邑令謝玉珩移建城隍廟東

藥王廟在西街雍正十三年建乾隆五十六年建樂樓山門一座

梓潼廟在西門外乾隆四十七年重建

先蠶祠乾隆庚戌署令卒培垣建於西關外梓潼廟西道光四年邑令謝玉珩移建痘疹庵內

邑令李培垣先蠶祠詩葭萌關前桔柏渡少栽桃柳多桑樹濃葉青枝十畝間家家養蠶重本務蛾子初生二月時儀儀呈形好護持敵箔添梯忙不了又覓香草飼蠶餞抽絲敢辭心力苦要成經綸貢天府繭大如甕貿如氷閩中八蠶那足數龍精錫貺得休徵引領神功萃西陵從今拜享隆廟祀常願婦子慶豐亨

遂寧張問安先蠶祠曲 十里陰陰陌上桑花時長日閉蠶房縣官 功令最賢事濃桑柔條青滿筐桑葉猗猗青滿灣青絲作籠春晝閒桔柏江邊採桑去葭萌城外賽神還 白葦璘藉金蹋踏蠕蠕蠶子徧籧篨江南白紵西川錦縑素相看儂底如紅閨小女嬌可憐簇箔添梯蠶始眠但乞西陵賜成熟年年不費買絲錢

遂寧張問陶先蠶祠詩 鳩鳴屋角雨濛濛樹底飛蛾葉葉通桔柏渡頭桑影暗不徒山水是蠶叢龍梭玉鑷勝吳陵中婦爭誇妙手能一 自先蠶榮廟食家家獻繭拜西陵 繅絲不惜爲蠶忙苦念

蠶饑小繭黄昨日中男入城市傳來新令勸栽桑
桑陰漠漠絲成幃玉繭成蛾簇箔肥上得寒機襦
袴足不須卒歲嘆無衣

邑生楊祖德先蠶祠詩花繞良田宅繞桑枝枝密
茂映朝陽不緣細草生公府那得柔條拂野墻馴
雉來遊忙不靜痴龍退位熱偏凉（時久旱侯來禱雨即大沛甘霖是歲有秋）欣聞父老歌三異寫入豳風七月章

邑令謝玉珩遊蠶神祠詩淡蕩春暉寄興長爲民
特謁馬頭娘胸中美錦憑誰製從此重添一瓣香

輪奐維新共繫思蠶娘結伴集蠶祠看他擊鼓迎
神會應是家家有賸絲　山中地瘠産如何麻利
輸於桑利多陌上青青連蔭遠一回經過一婆娑
繅車軋軋徹宵忙機杼爭添五色章衣被而今如
大厦萬家兒女嬉春陽

五神廟在西門外歷年已久有鐘一口係萬歷十
八年鑄

東嶽廟在北門外乾隆五十六年重修

王爺廟在桔柏渡北岸乾隆四十六年立

來佛寺在桔柏渡北岸乾隆十七年立
倉聖宫在北門外嘉慶二十一年立
春王里　觀音寺在縣北二十里　三堆寺在縣北七十里　寶珠寺在縣北七十五里　川主廟在縣北十里
清和里　寶輪院在縣西北二十里　姜家寺在縣西四十里　雲頭山在縣西四十里　牛頭山在縣西十五里　茅坪寺在縣東十里　明覺寺在縣東四十里
天中里　白雲觀在縣北一百三十里　關帝廟在縣北一百三十里　三場寺在縣一百四十里
增福寺在縣北一百三十里　天隍院在縣北一百五十里　二郎廟在縣北一百五十里
積陽里　元極宫在治南一百四十里　長陽寺在縣南一百五十里　院溪寺在縣南一百五十里　香溪寺在縣南一百七十里　東岩寺在縣南一百七十里　龍門觀在縣南一百七十里
圓山寺在縣南一百七十里　馬道院在縣南一

百五十里　太公寺在縣東一百六十里　金子寺在縣東一百五十里　黄金寺在縣西一百五十里　三溪寺在縣西一百六十里　普照寺在縣西一百五十里　象鼻寺在縣西一百七十里　高道觀在縣西一百二十里　興泉寺在縣南一百二十里唐憲宗十四年勅建今名鳴水觀邑孝廉張起綵碑尚存但剝落不全

修禊里　青牛寺在縣南一百七十里　化林院在縣南一百七十里　九曲山在縣南一百八十里　普林院在縣南一百七十里　蘇山觀在縣南一百八十里　岩底寺在縣南一百九十里

花朝里　白牛寺在縣南一百八十里　府君廟在縣南二百三十里　長林山在縣南二百四十里　金寶寺在縣南二百四十里　鳳凰宫在縣南二百四十里　石城寺在縣南二百四十里

重修昭化縣志卷之十五

輿地志十四

陵墓

秦公子通墓舊志在治西北五里曲回壩北石馬坪通胙土成都爲其相陳莊所弑何得葬此且墓前石人馬秦無其制亦未有數千年頑石無恙者殆古仕宦佳城歷年既久遂附會爾

漢鮑三娘墓通志在治西北十里今曲回壩北白水西岸巨墓巋然往日土圻見墓門焉石砌堅緻外門如城闉之狀內室幽黑屈曲土人不敢深入邇來閉塞矣通志鮑氏者關索之妻也居夔州之鮑家庄勇力絕倫有廉康賊求娶不屈與戰破之關索往攻不勝遂以城降同爲漢室討賊焉

漢費禕墓在西門外社稷壇之南大墳一座四圍有墻舊設過樓三楹覆諸墳上墳前有碑書曰漢尚書令費公敬侯之墓其後墻樓皆毀石碑亦亡邑令吳天木有志修葺而未逮也雍正十三年果親王入蜀大書深謀卓識四字俾邑令勒諸石

乾隆二十七年邑令吳邦熉建立碑亭併葺墓塋碑而樹坊道左道光十九年署令毛士驥建對奕草堂三楹於碑亭後余修武侯祠移建草堂於費公祠後

邑令吳天木弔費敬侯詩 辛勤窺魏復窺吳漢闕崔巍今在無碣石依稀留氏爵半隨春雨沒荒蕪

督學吳白華先生省欽詩 益州諸費多名位惟大將軍望更深德力量絅中夏計純良懸慰老臣心從容辦賊覘棊叔巨測降奴伺酒淫此地堂封楚江遠鶴樓橫笛咽龍吟

邑令楊瀾弔敬侯墓詩 大事誰能任將軍信可人從容徐辦賊倥傯遽亡身識闇岑來戒忠侔琬允純舊臣徂謝盡公後竟誰倫

邑貢生馬中和題敬侯墓詩 天雄關下路漢費敬侯墳任本能勝大才誰可及君空傳棋一局無奈鼎三分丞相祠同古長留俎豆薰

新建對奕草堂記 道光十九年署令毛士驥

縣城西郊社稷壇之西後漢費敬侯墓在焉乾隆

壬子秋邑人士建祠墓以供祀余下車後屢經其地道傍湫隘登其堦者無延佇之區不足以昭展謁墓左有碑爲雍正乙卯果親王入蜀所書其亭尚完整云爰彷杜公祠浣花草堂於亭後添搆三楹顏曰對奕草堂蓋敬侯當國功名具載正史今卽延熙七年與來敏圍棋一事而名之想見其風度耳祠內葺以小欄墓後繚以女墻植柏樹數百株草堂去祠墓不數武雜花拳石自成小園四圍地多空隙遍栽竹木從草堂更穿花徑以達於祠

居然圖畫天開矣是役也經始於夏孟落成於秋仲共費錢二十萬余捐其半在事諸生吳巨川王序庭馬環村王惲齋籌捐其半而諸生之踴躍鳩工賴葉雲峯少尹徐耀庭山長有以獎勸之諸生既樂事易而功倍並請勒石以示來茲余告之曰官之涖斯土歲一更易恒郵傳倥偬之不遑余亦歲終將瓜代樹木之計計以十年苟得所養無物不長是賴有以善其後者果能因材而篤月異而歲不同名賢遺址之所憑春秋祀典之所奉往來

賓旅周道之所逶遲聯轡曳裳邑人之所遊覽實一舉而衆善皆備焉則余有望於諸生者夫豈一朝夕哉因書其緣起爲記

唐宰相墓在治西北二十里寶輪院之西有墓地一片而不著姓名舊志云爾今父老尚能識其故迹也

宋朱勇墓在北關外通志勇爲利州統制與金人戰於瓦亭被執臨死駡詈不絶口事聞立廟賜額忠節葬昭 化北關外廟在廣元寶峯寺之東

宋楊巨源墓在治北十里土基壩之東北墓前拜台石欄猶存其後裔猶祭掃然究無實據可考

明馬將軍墓在治西北二十里寶輪院後其子馬禮官左營參將贈封鎮國將軍有嘉靖四十六年碑

回龍大墓在紅岩寺之下墓横溪口洪流衝激數千年無損其上有二堆相傳瘞金箱玉印處耕其旁者不敢犯犯輒雷雨俗稱天子墓

毛典史墓在城北嶺上舊學基之旁典史名豐浙

江人康熙四年以吏補昭化尉伉爽好善邑人愛戴康熙十年八月卒於署其妻張先豐卒因貧未葬子女三人煢煢俱幼署縣令王維坤爲之具棺槨與張合葬併歸其子女而刻石墓傍廳署側有隙地一所書役請聽人築房以其祖爲豐歲時之祀乾隆十年縣尉楊乾元清界趾以杜侵佔四十二年縣尉謝錫偕清界趾立石五十年縣尉徐覲海丈明四至豎石立禁百餘年來邑人士猶知有毛典史之墓焉隙地一所南至官街北至城脚東至廳署西 至舊學基墓地一座東二丈西南北各五丈

治西虎頭寺之北有墓碑高五尺書明仕郎朱龍山先生之墓其人無所考

縣西梨樹屯有古墓碑面書皇宋趙檢法之墓背書淳熙五載戊戌建字跡昭然

明河南右布政司申克敬墓在治北二十里翰林壩土人不知咸以古冢坪名之

重修昭化縣志卷之十六

輿地志十五

古蹟

漢葭萌故城在治北五里土基壩舊有土城基址故名漢江左繞白水右環亦稱形勝周顯王時蜀王封其弟葭萌於此本名吐費城秦始以葭萌名縣水經注曰白水東南於吐費城南流注漢水括地志曰葭萌故城在益昌縣南五十里

隋葭萌縣故城卽晉晉安城在治南一百三十里名勝記謂施店驛爲故城驛卽其地也今屬蒼溪元和志曰縣北至利州一百一十五里漢葭萌縣地東晉於今縣南置晉安縣隋改葭萌取漢舊也唐屬利州宋因之元併入昭化按舊志謂卽廣元縣南十里葭萌關俗名二郎關恐誤又按南部縣西北四十里亦有晉安故城

唐張說再使蜀道詩渺渺葭萌道蒼蒼褒斜谷烟霞爭晦深雲山共重複古來風塵子同眩望鄉目芸閣有儒生軺車倦馳逐青春客眠嶺白露摇江

服歲月鎮羈孤山川低反覆魚遊戀深水鳥遷戀
喬木如何別親愛坐去文章國蟋蟀鳴戸庭蟰蛸
網琴筑

唐杜甫愁坐詩高齋嘗見野愁坐更臨門十月山
寒重孤城水氣昏葭萌氏種迥左擔犬羊存終日
憂奔走歸期未敢論外紀曰太平御覽引李猶蜀
記云蜀山自綿谷葭萌道徑險仄北來負擔不容
易肩謂之左擔

宋陸游葭萌驛鷓鴣天詞看盡巴山看蜀山子規
江上過春殘慣眠古驛常安枕熟聽陽關不慘顔
慵服氣懶燒丹不妨青鬢戲人間秘傳一字神仙
訣說與君知只是頑

晉晉壽故城在縣南本苴侯國秦漢葭萌縣也華
陽國志蜀王封其弟葭萌於漢中號曰苴侯秦滅
蜀取苴置縣漢建安十八年改漢壽晉志秦始三
年改晉壽孝武分立晉壽郡水經注西晉壽郡葭
萌所封元和志晉壽故城在益昌縣東南五十里
輿地紀勝益昌東南沿江有平田號黃金壩即晉

壽故城基按宋齊志益州有西晉壽郡領陰平一縣蓋當時分東界爲東晉壽遂以此爲西晉壽也漢白水縣故城在今治北一百四十里白水鎮北之西隍壩城垣故迹猶存扼陽平陰平之要而地勢亦平曠白水西谷兩環之一統志在縣西北漢置白水縣屬廣漢郡蜀漢分屬梓潼郡晉屬晉壽郡宋置白水郡後魏爲南白水郡梁置平興郡兼置北益州隋開皇初郡廢縣改名平興十八年又改曰景谷屬義城郡唐武德四年又於縣置何州

貞觀元年州廢屬利州寶歷元年省尋復置五代時廢水經曰白水東南徑白水縣故城東即白水郡治也元和志景谷縣東南至利州六十六里本漢白水縣地宋元嘉十七年氐入楊難當軍克葭萌關因分白水置平興縣周置沙州隋改爲景谷大業二年廢沙州縣屬利州縣城本平興城楊難當所築削山爲城城三角中有一井傳竪眼所穿益昌縣故城在治西北四十里甶田壩宋初爲清水坍陷改移今治今城迹無存猶稱安昌鄉安益

音謌爾通志謂即今治非也按宋分晉壽置益昌魏改益昌爲京兆周又改爲益昌

唐岑參和杜相公過益昌詩相國臨戎别帝京擁麾持節遠横行朝登劍閣雲隨馬夜渡巴江雨洗兵山花萬朶迎征蓋川柳千條拂去旌暫到蜀城應計日須知明主獨持衡

唐歐陽詹益昌行詩驅馬至益昌倍驚風俗和耕夫隴上吟負者途中歌處處川復原重重山與河人煙遍餘田時稼無間坡問業一何修太守德化加問身一何安太守恩懷多賢哉我太守在古無以過愛人甚愛子理邦如理家雲雷既奮騰草木遂萌芽乃知良二千德足爲國華今時固精求漢帝非徒嗟四氣有青春衆植佇揚葩期當說霖雨天下同滂沱原序貞元中天子以工部郎中興元少尹吳興沈公長源牧利州其爲政五年予旅遊由於利覩人安物阜欽所以美作詩一章利州故益昌郡目曰益昌行

唐庚赴益昌詩豈有登臺衮衮漫令去國遲遲南

越纓方欲請北山文莫相移　樂職如含美酒判司敢嘆官卑會待薛疏供帳歸來朱老裁楷

陸游雪晴行益昌道中頗有春意詩　杜陵雁下歲將殘走馬西遊雪擁關顛額敢忘雙闕路淹遲遍看兩川山春囘柳眼梅鬚裏愁在鞭絲帽影間安得黃金成大藥爲人千載駐頹顏

陸游自閬復還漢中次益昌詩　北首襃斜又幾程驕雲未放十分晴馬經斷棧危無路風掠枯荊颯有聲季子貂裘端已弊吳中蒓菜正堪烹朱顏漸改功名晚擊筑悲歌一再行

國朝王士正飛仙閣詩　山行喜乘流江平況如練岸㟙有開闔竹樹一葱蒨人言利州風今朝冷然善灘如塗毒鼓舟劇離弦箭仰眺飛仙閣鳥道危一線彎環歷三朝向背窮九面絳雲卷輕綃白日遞隱見嘉陵碧玉色晴雨皆婉孌想見吳道元應詔大同殿此生兩經行天遣追勝踐醉帽停烏奴已泊益昌縣按蜀諺曰黎州風雅州雨利州舊名黎州實多風

景谷縣故城在白水故城之南〔元和志曰〕利州景谷縣本漢白水縣屬廣漢郡宋爲平興縣隋改景谷〔通志〕因縣北景谷爲名魏景元初鄧艾侵蜀自陰平山景谷道傍入即此在治西北一百里白水縣又在其北蓋景谷縣今白水鎮白水縣今西隍壩相距不及五里而景谷即今靈寶河水經之西谷也

東洛郡故城〔通志〕在縣西北四十里劉宋初戍於此西魏置東洛郡領魚盤縣周省入景谷

魚盤縣故城在縣西北八十里梭溪壩溪源出近山魚洞〔通志〕在縣西北梁置魚石洞戍天寶初楊乾運攻楊法琛於平興法琛退保魚石洞即此西魏置魚盤縣隋大業初省入景谷〔唐志〕景谷縣西北有魚老鎮城即故魚盤也

小劍戍故城在治西六十里益昌故城西南〔水經注〕謂清水東南逕小劍戍北又東南注白水是也〔名勝記曰〕小劍城去大劍城三十里連山絕嶺飛閣通衢謂之劍閣是唐益昌縣地矣又曰小劍故

城在益昌縣西南五十里其山截野橫天冉峰倒地挾楚包漢呀秦擁蜀先主置閣尉焉按小劍戍今名劍溪口係大小劍水合流入清水處東至白田壩纔十餘里西南由劍溪崖岸棧迹聯絡卽石牛道秦伐蜀之路又西南至大劍戍卽劍門關三十里則謂小劍在益昌西南五十里非也

按劍溪口今名兩河口其故城應在河口外之大倉壩今盡屬劍州地

白壩城在治西北一百四十里卽白水故城唐書大曆十四年吐番入寇分道趨扶文掠方維白壩建中初復寇西川詔東川兵自江油趨白壩與山南兵合擊破之

沙州故城通志在縣西北舊志今五郎壩也壩在白水鎮東北唐武德四年置領景谷方維二縣貞觀元年廢方維故城在平武縣東北二百五十里

關索城在治北十里相傳索屯兵於此舊志卽今板筵壩也按索係關公之子事不經見而所傳遺蹟爲多通志永寧縣有關索嶺索過此因道險令

軍士填土爲之太平縣有花岳山關索受兵書於此簡州龍泉山上有關索寨中江縣有關索坪殆有功於蜀而蜀人思慕不忘耶

石櫃閣通志謂在縣北然杜甫經之有詩當是唐驛道所經而縣北無唐驛棧道也縣西南五里龍爪灣之西南有故棧迹唐驛所經疑卽其處方輿勝覽橋閣萬五千有奇著名者石櫃閣龍門閣廣元志以爲千佛岩與通志不合殆附會矣

唐杜甫詩季冬日已長山晚半天赤蜀道多花草江間饒奇石石櫃層波上臨虛蕩高壁清暉回羣鷗暝色帶遠客羈棲負幽意感歎向絶迹信甘孱懦嬰不獨凍餒迫優游謝康樂放浪陶彭澤吾衰未自由謝爾性所適

李元詩憑虛石閣大江頭杜老遺詩紀壯遊不負名山幽興在爲詩殘碣一登樓

百戶臺在縣城西門外鳳翼山之頂龍潭驛明百戶所駐兵處縣南四十里有龍灘鋪係明之旱龍驛而此爲水驛也高不二丈臺面如砥下嘉陵江

有龍潭滙之今廢按此地土人呼爲烟墩山山下大路之左有大石獅二個尚存即百戶府舊蹟也署令王維坤九日載酒登百戶臺詩空衙日掩獨悲秋忽伴登高勝侶遊幾點人烟隔樹窅萬山霽色入江流猛風冷月筵當散說劍談詩興未休便號此臺爲戲馬佳辰良會共傳籌端陽荏苒又重陽獨自孤踪守益昌兩地家園勞望眼千回江水似愁腸青山石上人須醉黃葉樽前淚幾行任笑使君狂落帽壯年短鬢已成霜立馬高臺望渺然秋深霽色正澄鮮官貧並缺陶潛菊將暑欣聞慰繚篇旋把茱萸添酒味何來北雁把書傳諸君盡是懷才者同把離騷一問天

馬鳴閣在治北五十里白水之岸名勝記漢先主遣將陳式絕馬鳴道以拒曹操操聞之歎曰此關過漢中陰平乃咽喉要路也按即今白水岸粗石站之偏橋是也古之閣道三國時軍旅往來經此

倉坪在治北一百二十里白水街之北鄧艾入蜀屯糧之所

藥臺在治西十五里法蓮寺山下山卽牛頭山西下之峰也相傳竇子明煉丹於此丹成冲舉而去今無可考

淳化帖名勝記昭化縣有利州淳化帖宋慶元中四川總領權安節以淳化戲魚帖並釋文重刻於此今石已不存權安節德安人其家猶有當時墨本甚多釋文字畫較臨江帖稍大按淳化帖本末宋元祐中劉次莊摹淳化本除去首尾篆題增以釋文刻於臨江謂之戲魚堂帖慶元中權安節摹於益昌較臨江水稍大謂之利州本淳化木本計一百八十板石數當亦如之不知何時散逸而片石無考矣按此條通志不載姑存之

臥牛石在城西南龍灘驛江中大石森立宛似臥牛

犀牛蹄在治北二十五里大石如几有牛蹄跡

孔道新在治西四十五里舊路由朝陽舖以登高廟天啟年間開此爲驛路所必經猶稱新道也

邑令吳天木馬上口占詩清秋蜀道盡幽間劍閣

遥看月半彎樹葉隔虛高下滿鳥巒絶巘有無間

征杉曉霧重重濕傯馬長途步步艱况是晚烟催

客夢兩三茅店在山彎

夜月池在鳳嶺茅坪寺前地圓如月約寬一丈有

餘不生草木池旁藤蘿糾結抵池輒返

虎跳石在治南一百四十里石錯江中如磴相傳

神虎渡江石舊水驛也劍州舉人楊聲遠虎驛人

景虎跳夜波雷鳴春響溪浮野鴨岫隱仙人元極

幽宮嘉陵野渡鈸盤霞起朱榜晴開

國朝王士正虎跳驛詩路逗蒼溪縣荒凉破驛存漉金

稀見艇畏虎平關門水合江南壯山連大劍昏巴

西兵馬合多少未招魂

廣元令周之美虎跳夜舟詩一路山光接水光忽

聞村犬吠聲狂室廬新舊山崖險林木高低野徑

荒市上購求唯酒醂江干排列只新糧停舟假寐

難成夢又聽雞聲送客忙

倚虹亭在縣西十里埡係雍正十一年建川北道

襄平陳蒼巖先生緯所題乾隆二年邑尉楊乾元

有事棘闈謀於總制黃公捐資二十金爲助復建新亭

重修倚虹亭序　　道光五年　邑令陸錫祺

由蜀達京師通陜西其道之險未有若昭邑牛頭山之甚者也按舊志云峰連玉壘地接錦城襟劍閣而帶葭萌踞嘉陵而枕清水誠天設之雄也故又名之曰天雄關懸徑崎嶇危巖壁立樹木蕭條余自九溪來攝茲邑路經此處僕瘁馬乏求一息肩之地而不可得及至十里埡而坡漸平見夫道旁左石植小柏千餘株而木工石工紛紛迎於道左詢其故僉曰樹木者戴少尉廷珪之手澤而因古亭之傾圮革故而鼎新者王前任旭齡之惠及行旅也閱半月亭已告成紳民欲額其亭而請於余余思此亭也始建於雍正十一年觀察陳蒼巖先生額其亭曰倚虹由來已久何如因其名而重修之亦以見前人之甘棠猶存後人之繼美弗替也遂爲之歌曰亭之幽幽可以處休亭之寥寥可以息勞望江流之有聲兮斷岸千尺履百仞之巉

長寧峯頂結祥雲一片孤城曉色分池上只今誰洗馬土人空說王將軍

又　　貢生楊祖德

長寧山勢絶崔巍翠柏蒼松映紫微試問池邊誰洗馬空留明月照斜暉

茅坪夜月　　貢生楊祖德

野徑苔空月一圍臨池顧盼似仍非遊人不道蟾宮遠獵草初驚白兎肥

衛嶺朝雲　　邑令李　元

片片輕雲覆野墻鑾輿經後幾千霜風流往事傳天寶鸚鵡無從問上皇

又　　貢生楊祖德

競傳鑾輿自東來衛嶺雲深鎖翠臺試問松陰尋古蹟天香彷彿惹蒼苔

又　　貢生董　照

雲横衛嶺路幽遐鳳背來時拂影斜恨是垂楊歸碧落翩然仙李入烟霞丹邱有路尋靈藥野草無情憶落花宮女偏歌汾水曲千秋墮淚是榮華

馬鳴險閣　　貢生楊祖德

峭壁凌霄蜀北門一夫當此萬消魂雲連劍閣重關險舊有將軍古壘墩

虎跳仙磴　　貢生董　照

怪石横江傳虎跳翻然欲去意如何從來城市饒機械歸去深山避網羅利爪當年留巨印頑磴今日鬬清波勦姦除暴賢侯事虎亦通靈夜渡河

牛首雄關

不是平襄爭戰處山名牛首亦雄關太平烽靖間憑眺萬里晴空指顧間

又　　貢生董　照

重關屹屹倚蒼穹勢列牛頭更不同險絶蓬萊出海外高連銀漢入雲中行人只自穿朝霧茅店何堪度曉風幾次登臨南北望劍門雲棧漫爭雄

龍湫古墨　　邑令李　元

富水神龍洞裏居重門深鎖白雲虛何年題寫最高處春草秋苔護墨書

重修昭化縣志卷之十七

食貨志一

蠲賑

康熙二十五年未完錢糧二十六年錢糧俱蠲免

康熙三十三年應徵銀米俱蠲免

康熙四十三年錢糧俱蠲免

康熙五十年地丁銀並歷年舊欠俱免徵

雍正八年地丁銀俱蠲免

乾隆十一年地丁錢糧全行蠲免

乾隆三十五年地丁錢糧全行蠲免

乾隆四十年緩徵錢糧全行蠲免

乾隆四十三年地丁錢糧全行蠲免

乾隆五十六年錢糧通行蠲免

嘉慶元年錢糧俱蠲免

嘉慶三年錢糧緩徵

嘉慶四年地丁錢糧俱蠲免其緩徵錢糧亦蠲免十分之三

嘉慶五年歷徵正閏火耗銀米全行蠲免

嘉慶六年地丁火耗銀米全行蠲免
嘉慶七年地丁正耗錢糧蠲免十分之三緩徵嘉慶三年正耗銀兩俱於嘉慶八年起分作二年帶徵
嘉慶八年地丁錢糧緩至秋後開徵
嘉慶二十五年正賦寬免十分之二
道光七年地丁錢糧蠲免十分之四

重修昭化縣志卷之十八

食貨志 二

田賦

川省田賦舊制不一自
國朝順治十年以後陸續清查至
雍正六年丈勘始定保寧府九屬田賦各有實數
兹將昭邑田賦實數開列於後
天中里一百一十頃七畝五分
上田四畝八分中田四頃六十二畝二分

旱田三頃一十一畝五分
下田五十四畝二分
上地一十一頃一十四畝八分
中地五十二頃一畝八分
下地二十八頃五十七畝二分
荒下地一頃一畝
清和里二百一十三頃七十五畝五分一釐九毫
上田八十四畝六分中田二頃三十二畝
旱田一十六頃三十一畝二分

上地二十一頃八十三畝四分
中地一百二十九頃二十三畝三分
下地三十九頃六十九畝二分
荒地三頃三十二畝九分二釐
花朝里八十九頃八十七畝四分
上田二畝三分
中田一頃三十四畝五分
下田九頃六十畝四分
中地四十二頃七十四畝四分

下地三十四頃二十四畝六分
荒下地一頃八十七畝九分
修禊里八十八頃九十七畝九分
中田一頃三十八畝
下田五頃九十三畝一分
中地四十五頃四十九畝一分
下地三十二頃四十畝五分
荒下地三頃七十六畝三分九釐
積賜里一百七十三頃三十一畝

上田六十六畝
中田一十七頃七十四畝五分
下田四頃六十三畝二分
上地一十九頃七十二畝五分
中地九十八頃二十八畝二分
下地三十一頃七十畝九分
荒下地五十五畝七分
春王里一百八十四頃三十四畝三分九釐
上田三頃六十二畝四分一釐

中田一頃二十畝八分九釐
旱田一十一頃七十二畝六分九釐
上地三十四頃二十三畝六分二釐
中地九十四頃九十八畝一分九釐
下地三十八頃十畝二分
荒下地四十六畝三分九釐
綂縣屬六里共八百五十一頃二十四畝三分五釐七毫
上田五頃二十畝一分一釐

中田二十八頃六十二畝九釐
下田二十頃七十畝九分
旱田三十一頃一十五畝四分四釐
上地八十六頃九十四畝三分二釐
中地四百六十二頃八十八畝八分八釐七毫
下地二百四頃七十二畝六分其荒下地一十一頃定十年下地起科自乾隆四年以後共作下地
二百一十五頃七十二畝六分
上田每畝徵銀五分六釐

中田上地每畝徵銀四分二釐
下田旱田中地每畝徵銀二分八釐
下地每畝徵銀二分一釐
丁糧火耗銀每兩徵銀一錢五分
閏年加增銀每兩徵銀六分七毫三絲一忽二微
九釐一纖二渺三漠九埃
上田五頃二十畝一分一釐徵銀二十九兩一錢
一分七釐
中田二十八頃六十二畝九釐徵銀一百二十兩
一錢七分二釐
下田二十頃七十畝九分徵銀五十七兩九錢六
分八釐
旱田三十一頃一十五畝四分四釐徵銀八十七
兩二錢七釐
上地八十六頃九十四畝三分二釐徵銀三百六
十五兩五分四釐
中地四百六十二頃八十八畝八分八釐七毫徵
銀一千二百九十五兩七錢九釐

下地二百一十五頃七十二畝六分徵銀四百五
十二兩二錢八分八釐
應徵丁糧銀二千四百七兩五錢一分四釐火耗
銀三百六十一兩一錢二分七釐
按火耗銀三百六十一兩一錢二分七釐每年終
具文批解其丁糧銀二千四百七兩五錢一分四
釐按欵支銷除馬匹草料銀棚廠槽鍘銀倒馬買
補銀馬夫工食銀摃夫工食銀水夫撓夫工食銀
廪給口糧銀銄鞘夫價銀已詳驛站條鋪兵工食
銀已詳鋪遞條外尚有原編祭祀銀三十二兩廪
生餼食銀六十四兩均在地丁內扣支不敷之數
備文請領此外如各官廉俸銀各役工食銀均備
文請領

重修昭化縣志卷之十九

食貨志三

倉儲

常平倉自康熙二十一年捐輸穀一百五石六斗四十六年捐輸穀六石七斗內有麥一石八斗荍一石五斗雍正九年買貯穀八百石十年買貯穀四百三十四石六斗五升乾隆八年至十四年共捐輸穀六十三石計實貯穀二千一百一十石而積年出買生息又得穀一千零六十五石三斗五升十六年奉文出糶溢穀照時價銀五錢二分五釐計糶溢穀一千六十五石三斗五升共價銀五百五十九兩三錢八釐七毫五絲解納藩庫而本倉實貯穀二千一百一十石十七年奉文存七糶三又糶穀六百三十三石共價銀三百五十一兩九錢四分八釐倉穀漸少十八年奉文於巴州溢穀內撥補六百三十三石而本倉實貯穀二千一百一十石三十六年又赴司庫領價買貯穀二千石共實貯穀四千一百一十石分貯升恒觀泰履

豫萃益豐頤十廒
第一號升字廒
第二號恒字廒
第三號觀字廒
第四號泰字廒
第五號履字廒
第六號豫字廒
第七號萃字廒
第八號益字廒
第九號豐字廒
第十號頤字廒今改爲廣濟倉廒
廣濟倉貯穀四百石係嘉慶二十一年邑令曾逢吉捐買以備凶荒
按常平倉廒自第一號至第八號舊在典史署前其二廒在縣頭門左右邑令曾逢吉並改建於典史署前第九號仍貯常平倉穀第十號則貯廣濟倉穀四百石
社倉貯穀八百石係嘉慶二十一年邑令曾逢吉

奉文勸捐於署左建倉二間存貯（社倉舊存六里因被教匪焚毀故另補）

濟田倉係嘉慶二十年邑令曾逢吉奉文攤捐錢二千四百串零二十四年署令沈楫買濟田三處招佃收租每年納市斗租穀肆拾伍石玖斗叁升二十五年署令張景槐於署左建倉廒三間存貯屢年租穀

重修昭化縣志

第四冊

卷二十食貨志 雜課
卷二十一食貨志 戶口
卷二十二食貨志 物產
卷二十三學校志 學校
卷二十四學校志 典禮
卷二十五學校志 書院
卷二十六武備志 防守
卷二十七武備志 兵制
卷二十八武備志 驛傳

重修昭化縣志卷之二十

食貨志 四

襍課

歲徵魚課銀四錢五分六釐七毫二絲遇閏加徵銀三分六釐七毫奏銷時批解

歲徵田房稅契銀五十二兩二錢九分九釐五毫奏銷時批解

歲徵水陸二引正課銀共九十六兩七錢二釐羨餘銀共七十三兩六錢九分八釐截角銀共一十七兩四分總正課羨截銀一百八十七兩四錢四分赴鹽茶道庫完納

原行水引二十三張認銷射洪縣水引二張認銷南部縣水引一張共水引二十六張每張徵正課銀三兩四錢五釐應徵銀八十八兩五錢三分每張徵羨餘銀二兩五錢九分五釐應徵銀六十七兩四錢七分每張徵截角銀六錢應徵銀一十五兩六錢共徵水引正課羨截銀一百七十一兩六錢新增陸引三十張每張徵正課銀二錢七分二

釐四毫應徵銀八兩一錢七分二釐每張徵羡餘
銀二錢七釐六毫應徵銀六兩二錢二分八釐每
張徵截角銀四分八釐應徵銀一兩四錢四分共
徵陸引正課羡截銀一十五兩八錢四分

重修昭化縣志卷之二十一

食貨志 五

戶口

戶口之數有增無減數十年間幾至加倍茲將道光二十五年詳報之數開列於後

一舊管坊廂民王志德等二千四百七十二戶男五千三百一十五丁婦三千五百八十四口共男婦八千八百九十九丁口

新收李光彩等二百二十五戶 男六百七十五丁 婦四百五十口

開除二百三十六戶 男七百零八丁 婦四百七十二口

實在二千四百六十一戶 男五千二百九十一丁 婦三千五百六十九口

共男婦八千八百六十丁口

一舊管春王鄉民王清予等二千二百六十一戶男四千八百六十一丁婦三千二百七十八口

共男婦八千一百三十九丁口

新收閔應福等二百三十一戸　男六百九十三丁　婦四百六十二口
開除二百二十五戸　男七百零五丁　婦四百七十口
實在二千二百五十七戸　男四千八百五十二丁　婦三千二百七十三口
共男婦八千一百二十五丁口
一舊管花朝鄉民楊顯周等一千零八十四戸男二千三百三十一丁婦一千五百七十二口共男婦三千九百零三丁口
新收劉文陞等二百一十五戸　男六百四十五丁　婦四百三十口
開除二百一十六戸　男六百四十八丁　婦四百三十二口
實在一千零八十三戸　男二千三百二十九丁　婦一千五百七十口
共男婦三千八百九十九丁口
一舊管修禊鄉民牟洪文等一千二百九十三戸

男二千七百八十丁婦一千八百七十五口共男
婦四千六百五十五丁口
新收韓登科等一百八十八戸　男五百六十四
丁　婦三百七十六口
開除二百零一戸　男六百零三丁　婦四百零
三口
實在一千二百八十戸　男二千七百五十二丁
婦一千八百五十六口
共男婦四千六百零八丁口

一舊管清和鄉民李正坤等二千零二十七戸男
四千三百五十八丁婦二千九百三十九口
共男婦七千二百九十七丁口
新收金怡順等二百七十四戸男八百二十二丁
婦五百四十八口
開除二百五十六戸　男七百六十八丁　婦五
百一十二口
實在二千零四十五戸　男四千三百九十七丁
婦二千九百六十五口

共男婦七千三百六十二丁口

一舊管天中鄉民陶洪義等一千八百八十七戶　男四千零五十七丁婦二千七百三十六口共男婦六千七百九十三丁口

新收王廷桂等二百八十一戶　男八百四十三丁　婦五百六十二口

開除二百七十一戶　男八百一十三丁　婦五百四十二口

實在一千八百九十七戶　男四千零七十八丁　婦二千七百五十一口

共男婦六千八百二十九丁口

一舊管積陽鄉民蔡宗友等一千五百四十四戶　男三千三百二十丁婦二千二百三十九口共男婦五千五百五十九丁口

新收譚興等一百七十戶　男五百一十丁　婦三百四十口

開除一百六十九戶　男五百零七丁　婦三百三十八口

實在一千五百四十五戶　男三千三百二十二
丁　婦二千二百四十口
共男婦五千五百六十二丁口
合計通縣一萬二千五百六十八戶
男二萬七千零二十一丁　婦一萬八千二百二
十四口
共男婦四萬五千二百四十五丁口

重修昭化縣志卷二十二

食貨志六

物產

穀屬

穀之類不一常穀外有旱穀種於地壩色紅味香百日穀晒卽熟但所獲不多青藺穀與糯米味同以上皆俗名苞穀　糯穀　粟穀　大麥　小麥　燕麥　旱蕎　苦蕎　黃豆
綠豆　豌豆　蠶豆　小豆　赤豆　爬山豆俗名
芝麻　高粱　穈子　龍爪稗

菜屬

王瓜　絲瓜　苦爪　東瓜　南瓜　芹菜　百合　油菜子皆搾油　白菜　菠菜　萵笋　莧菜　葱　蒜　粹　韭　茄　芋有水旱二種　洋芋有紅白二種　胡荽　蘿蔔　葫蘆　金瓜　竹笋　木耳產於槲木　土人業此者甚多　菌子　薇　蕨　根粉即蕨根造之

果屬

桃味美勝於他處　杏　李　棃　棗　柿　栗　柑　橘　柚　葡萄　石榴　胡桃　白果　枇杷　櫻桃　楸子　落花生子多搾油

花屬

牡丹有紫白粉三種　菊花　臘梅　紅梅　綠萼梅　玫瑰　蘭　桂有丹黃白三種　海棠　旱蓮　芍藥　月季　粉團　酴醿　梔子　玉簪　龍爪　芭蕉　葵花　木芙蓉　紫荊　水僊　繡絨木洋二種　鳳仙　萱花　石竹

草屬

藍　火麻　桐麻　煙葉　蕁麻一名毛蕺葉多枝而有芒觸人

毒如蜂蠆以溺溷之則解

木屬

柏木一名鴉臼宋人以鴉臼鼠姑爲奇對即此其子搾油白而善凝可然燈而不可食俗呼爲樬子木然樬實另種　松　柏　槐　梧桐　桐子　桑　柘

楊柳　漆樹　黃楊　冬青　白楊　菩提樹

構木皮可造紙

竹屬

紫竹　金竹　慈竹　斑竹　竹實產於木竹曲子如野麥土人磨麪以食味亦甘

藥屬

香附生桔柏渡者佳　桔梗　車前　地骨皮　山藥　紫蘇　荆芥　薄荷　川楝子　木賊　瓜蔞仁　小茴　桃仁　杏仁　金銀花　天花粉　益母草　白扁豆　薏苡仁　蟬退　菖蒲出菖溪河今採取殆盡無遺種　苦參　沙參

蟲屬

家蠶民間善養多者以數屋計　山蠶長二寸許色綠有斑食槲葉露處山林雖雨水淋漓而食葉如故老則結繭枝頭

禽屬

畫雞　錦雞　秧雞　雉　畫眉　八哥　鴛鴦

水鴨　蝙蝠

獸屬

狐　狸　狼　猴　兎　水獺　九節狸　毛鼠

黃鼠　野猫

鱗介屬

白甲魚似鯉白鱗出梭溪堹魚石洞中　池魚有紅白黑三種　鯉魚　鱉

龜　螃蠏不堪食　孩兒魚

石屬

汶石出嘉陵江中紋細如畫以水沃之宛然邑令吳天木詩覓得嘉陵塊石奇果然鳥跡並枝枝若非天地留名筆定是山川有畫師色相宛然無假借形容堪肖更誰疑一杯淨水閒中玩不許他人笑我痴

黎淵石可以爲硯出清水中劍志稱之而舊志不載殆不易得也劍州牧喬鉢硯銘龍城北峙劍閣東排黃沙馬鹿黎淵以開重山之陰寒泉之底凍雪疑骨蒼雲孕理千萬斯年月涵星照麕踏龍嘘嵐迷烟罩古往代謝好事人休野氏砌覆藤葛幽因孰審其奧孰辨其瑜出離潛隱唯子之辜端不獨兄歙不可弟寶此文壇泰山而礪

石麵出張公嶺石穴中潔白如麵乾隆三十三年土人掘之以爲食嘉慶癸酉歲飢亦有掘此雜麥麵以食者然皆聊充一時之飢久則不宜

煤炭產寶輪院大倉溝菖溪河石關子等處邑產此纔數十年

貨屬

繭絲　山絲　綿紬　山繇紬　黃臘　漆　桐油　木油　蜜　麩金出清嘉二江沙中微似麥麩然皆貧寒者於農隙時淘以糊口

重修昭化縣志卷之二十三

學校志一

學校

文廟之建在城內西北隅宋時舊址洪武初邑令郝信甫重建隆慶五年邑令李仲寶改建北門外明季亂後僅存大殿三間順治十年諸生張岱撤歸城內舊基獨力捐修康熙三十一年邑令孔毓德爲建戟門欞星門乾隆十九年九月十九日邑令吳邦煩改遷北關外邑紳王克隆杜克正等爲

之鳩工庀材越月蕆事其興工之期年月日時皆
用甲戌其建廟之地面朓白水背倚翼山乾隆五
十年復修嘉慶二十一年邑令曾逢吉以捐募書
院膏火餘貲仍移建城内西北隅道光十五年署
令夏文臻修照墻一座邑紳馬玉璞勸捐以成歲
春秋之仲月上丁日致祭

教諭學署在正街西即今學宫照墻基址舊係
屋數椽嘉慶丙子年教諭曾邦思勸捐邑紳改
瓦房十餘間後裁教諭缺遂移修訓導署

訓導學署在正街之西南

文童生每試約二百五六十人武童生每試約一
百五六十人歲試額取文生八名武生八名科試
文童如歲額

廩膳生員二十名增廣生員二十名其廩膳生每
名歲給廩膳銀三兩二錢遇閏年每名加增銀二
錢六分七釐在地丁銀内扣支

廩生資深出貢各以食廩之年月爲次間歲貢一
人

重修昭化縣志卷之二十四

學校志二

典禮

順治十四年定謚至聖先師孔子通行直省

康熙三十五年

御製孔子贊顔曾思孟贊發直省文廟立碑

康熙五十五年升朱子於十哲之次

雍正二年列敘兩廡先賢先儒共一百二十三人位次

乾隆三年升有子入殿次卜子下移朱子於顓孫子下共十二位六年

欽定從祀位次

東廡從祀六十二人

先賢蘧子瑗字伯玉衛人唐開元二十七年贈衛伯從祀宋贈內黄侯明嘉靖九年以孔子嚴敬非弟子改祀於其鄉國朝雍正二年禮臣議曰蘧瑗没没於仁以善自終以孔子大聖食于堂上瑗大賢坐于兩廡亦禮之所安應請復祀從之

先賢澹臺子滅明字子羽魯武城人唐贈江伯宋贈金鄉侯

先賢原子憲檀弓稱仲憲字子思魯人為夫子宰唐贈原伯宋贈任城侯

先賢南宮子适字子容魯人家語禮記作南宮縚唐贈郯伯宋贈龔邱侯改汝陽侯
附見南宮閱一作說即仲孫說也謚敬叔孟僖子
之子師事孔子　闕里志按史記家語南宮适一
名縚與南宮敬叔應是兩人論語註合而爲一讀
史定疑辨其爲誤今分别志之

先賢商子瞿字子木魯人唐贈蒙伯宋贈須昌侯

先賢漆雕子開家語字子若一作憑字子開蔡人鄭元曰魯人習尚書唐贈滕伯宋
贈平輿侯

先賢司馬子耕字伯牛宋人家語作司馬犂耕唐贈向伯宋贈楚邱侯改睢陽侯

先賢梁子鱣字子魚史記註作鯉字叔魚齊人唐贈梁伯宋贈千乘侯

先賢冉子儒字子魯家語作冉儒字子魚魯人唐贈紀伯宋贈臨沂侯

先賢伯子虔家語字楷史記作子析魯人唐贈聊伯宋贈沐陽侯

先賢冉子季字子產一字子達魯人唐贈東平伯朱贈諸城侯

先賢漆雕子徒父字子友魯人家語作漆雕從字子文一作子期唐贈須句伯宋
贈高苑侯

先賢漆子哆字子歛家語作漆雕侈魯人唐贈武城伯宋贈濮陽侯

先賢公西子赤字子華魯人唐贈邵伯宋贈鉅野侯

先賢任子不齊字子選楚人唐贈任城伯宋贈當陽侯

先賢公良子孺家語名儒史記名孺字子正一作子幼陳人唐贈東牟伯宋贈牟平
侯

先賢公肩子定家語字子仲史記作公堅定字子中魯人或曰晉人或曰衛人唐贈新田伯梁贈梁父侯

先賢鄡子單史記有鄡單字子家無縣亶家語有縣亶字子象無鄡單疑作一人徐廣作鄡善魯人唐贈銅鞮伯宋贈聊城侯

先賢罕父子黑史記字子素家語作宰父黑字索一字子黑魯人唐贈乘丘伯宋贈祁鄉侯

先賢榮子旂史記字子旗家語作榮祁魯人唐贈雩婁伯宋贈厭次侯

先賢左人子郢史記字行家語作左郢字子行魯人校左人以官爲姓唐贈臨淄伯宋贈南華侯

先賢鄭子國家語作薛邦字子徒魯人史記避漢高諱以邦爲國鄭字疑薛字之誤唐贈滎陽伯宋贈朐山侯

先賢原子亢字子亢家語作原亢字子籍史記作原亢字籍魯人唐贈萊蕪伯宋贈樂平侯

先賢廉子潔史記字庸家語字子庸一作子曹衛人古史作齊唐贈莒父伯宋贈胙城侯

先賢叔仲子會字子期文翁圖作噲家語魯人鄭元云晉人唐贈瑕丘伯宋贈博平侯

先賢公西子輿如字子上史記作公西輿魯人唐贈重丘伯宋贈臨朐侯

先賢邽子巽家語作邦選字子餘史記訛邦爲邽字子斂魯人唐贈平陸伯宋贈高堂侯

先賢陳子亢家語字子元一字子禽陳人唐贈潁伯宋贈南頓侯

先賢琴子牢家語琴牢字子開文翁圖一字子張衛人唐贈南陵伯

先賢步叔子乘字子車齊人唐贈淳子伯宋贈博昌侯

先賢秦子非字子之魯人唐贈汧陽伯宋贈華亭侯

先賢顔子噲字子聲魯人唐贈朱虛伯宋贈濟陰侯

先賢顔子何字子冉古本家語字冉魯人唐贈開陽伯宋贈堂邑侯明嘉靖九年以家語不載罷祀

國朝雍正二年禮臣議曰按史記仲尼弟子列傳載顔何字冉北齊顔之推家訓云孔子升堂顔氏居八宋人顔高贊亦稱八賢何居其一去何止七應請復祀從之

先賢縣子亶亶索隱作豐字子象魯人朱彝尊曰子蒙爲孔子弟子見廣韻註此唐宋封爵未之及也明嘉靖九年以史記不載又疑與鄡單是一人罷祀

國朝雍正二年禮臣議曰史記但有鄡單名而家語無之因以單亶同音定爲一人乃祀鄡單去縣亶當時原無確據今請復祀從之

先賢樂正子克周人孟子弟子宋贈利國侯

國朝雍正二年禮臣議曰孟子稱樂正子爲善人爲信人方之聖門當在子羔之列進從祀

先賢萬子章齊人孟子弟子宋贈博興伯

國朝雍正二年禮臣議曰史記稱孟子所如不合退而與萬章之徒序詩書述仲尼之意進從祀

先賢周子敦頤字茂叔世居道州營道縣濂溪學者稱濂溪先生嘉定十三年賜謚曰元淳祐元年贈汝南伯從祀元至順二年加贈道國公

國朝康熙五十三年改稱先賢

先賢程子顥字伯淳宋河南洛陽人文彥博題其墓曰明道先生嘉定十三年賜謚曰純淳祐元年贈河南伯從祀元至順二年加贈豫國公

國朝康熙五十三年改稱先賢

先賢邵子雍字堯夫宋河南人元祐中賜謚康節咸淳三年贈汝南伯從祀

國朝康熙五十三年改稱先賢

祀

先儒李氏侗字愿中宋延平人朱子受其河洛之業爲述延平問答稱延平先生謚文靖元贈越國公明萬歷四十二年從祀

先儒呂氏祖謙字伯恭宋東萊人遷婺州墓題東萊先生嘉泰八年賜謚曰成嘉熙三年改謚忠亮景定二年贈開封伯從祀

先儒蔡氏沈字仲默宋建陽人隱居九峯山世號九峯先生明正統元年從祀謚文正成化三年贈崇安伯

先儒陳氏淳字安卿號北溪宋漳州龍溪人

國朝雍正二年禮臣議曰陳淳所著語孟大學中庸口議等書其言太極言仁諸篇發明天理全體示學

者標的朱子語人以南來吾道喜得陳淳進從祀

先儒魏氏了翁字華甫宋邛州蒲江人謚文靖

國朝雍正二年禮臣議日魏了翁當南宋邪說簧鼓之時獨能以所聞於李燔輔廣者教授生徒正學賴以不墜所著九經要義周禮井田圖說等書於聖道大有發明先儒王偉亦嘗爲之請祀進從祀

先儒王氏柏字會之號魯齋宋金華人謚文憲

國朝雍正二年禮臣議日王柏何基弟子標注點校四書通鑑綱目最爲精密推明河圖八卦洛書九疇之旨及訂正詩經春秋大學中庸等書所著有讀易記涵大象衍義書疑詩辨說讀春秋記論語衍義伊洛精義論語孟子通旨等數十種百餘萬言皆闡發濂洛精義淵源道德進從祀

先儒趙氏復字仁甫元德安人

國朝雍正二年禮臣議日趙復元初名儒所著傳道圖伊洛發揮希賢錄等書北方之有朱程之學實自復始進從祀

先儒許氏謙字益之號白雲元金華人

國朝雍正二年禮臣議日許謙金履祥弟子讀書窮探深微雖殘文羨語皆不敢忽著有四書叢說詩名物鈔書傳叢說自省編皆能得朱子統緒世稱白雲先生進從祀

先儒吳氏澄字幼清號草廬崇仁人明以忘宋事元黜今考澄著述五經四子各有詮注而學基學統及矯輕警惰等篇於紫陽書實多發明

國朝乾隆二年從尚書甘汝來請復祀

先儒胡氏居仁字叔心明餘干人著居業錄以敬名齋人稱敬齋先生萬歷十二年

從祀

先儒王氏守仁字伯安明餘姚人讀書陽明洞世稱陽明先生封新建伯謚文成萬歷十二年從祀

先儒羅氏欽順字允升號整菴明泰和人謚文莊國朝雍正二年禮臣議曰羅欽順爲司業以實行教士潛心格物致知之學王守仁以心學立教才知之士翕然師之欽順致書闢之往復再三著困知記周程微言至今不墜者欽順之力也進從祀

西廡從祀六十一人

先賢林子放字子卯魯人唐贈清河伯宋贈長山侯明嘉靖九年以家語不在弟子列改祀於鄉國朝雍正二年禮臣議曰按論語載林放問禮之本子曰大哉問親炙聖人卽非弟子亦理所安應請復祀從之

先賢虙子不齊字子賤魯人爲單父宰唐贈單伯宋贈單父侯

先賢公冶子長字子長家語作萇魯人史記齊人范甯云名芝唐贈莒伯宋贈高密侯

先賢公晳子哀史記字季次索隱作公晳克一作晳哀家語字季沈齊人唐贈郳伯宋贈北海侯

先賢高子柴字子羔一作皐家語齊人史記衛人仕衛爲士師唐贈共伯宋贈共城侯

先賢樊子須字子遲家語魯人鄭元云齊人仕于季氏唐贈凡伯宋贈益都侯

先賢商子澤家語字子秀史記作子季魯人唐贈睢陽伯宋贈鄒平侯

先賢巫馬子施字子期陳人史記作子旗爲單父宰唐贈鄫伯宋贈東阿侯

先賢顏子辛字子柳魯人史記作顏辛唐贈蕭伯宋贈陽穀侯

先賢曹子卹字子循蔡人唐贈曹伯宋贈上蔡侯

先賢公孫子龍家語作公孫寵衛人鄭元云楚人孟云趙人字子石唐贈黄伯宋贈枝江侯

先賢秦子商字丕茲家語作不慈史記作子丕魯人鄭元云楚人唐贈上洛伯宋贈馮翊侯

先賢顏子高字子驕家語作顏刻魯人唐贈瑯琊伯宋贈雷澤侯

先賢壤駟子赤字子徒家語穰駟赤字子從秦人通志畧壤駟氏複姓唐贈北微伯宋贈上邽侯

先賢石作子蜀字子明家語作石子蜀秦成紀人按石作複姓唐贈石邑伯宋贈成紀侯

先賢公夏子首字子乘家語公夏守字乘魯人唐贈亢父伯宋贈鉅平侯

先賢后子處史記字子里齊人家語字堅之唐贈營邱伯

先賢奚容子蒧家語字子晳史記子晳文翁圖魯人唐贈下邳伯宋贈濟陽侯

先賢顏子祖字襄家語名相又名祖字子襄魯人朱彝尊按昔者曾子謂子襄曰或是語顏子亦未可定唐贈臨沂伯宋贈富陽侯

先賢句井子疆字子疆衛人闕里志字子野唐贈淇陽伯宋贈滏陽侯

先賢秦子祖字子南魯人鄭元云秦人唐贈少梁伯宋贈鄄城侯

先賢縣子成字子祺家語字子橫魯人唐贈鉅野伯宋贈城武侯

先賢公祖子句茲家語作公祖茲字子之魯人唐贈期思伯宋贈即墨侯

先賢燕子伋字思家語作級字子思秦人唐贈漁陽伯宋贈汧源侯

先賢樂子欬字子聲家語樂欣魯人唐贈昌平伯宋贈建城侯

先賢狄子黑家語字晳之一作子晳史記字晳衞人唐贈臨濟伯宋贈林慮侯

先賢孔子忠字子蔑家語作孔弗史記作孔子兄孟皮之子唐贈汝陽伯宋贈鄆城侯

先賢公西子葴史記字子上家語字子尚魯人唐贈祝阿伯宋贈徐城侯

先賢顏子之僕家語字子叔史記字叔魯人唐贈東武伯宋贈冤句侯

先賢施子之常史記字子恒家語字子常魯人唐贈乘氏伯宋贈臨濮侯

先賢申子棖史記作申黨字周文翁圖作申堂家語作申績一作申續字子周魯人疑
本一人而傳寫之誤也唐贈魯伯宋贈文登侯

先賢左邱子明中都人授經圖曰魯人楚左史倚相之後唐貞觀中從祀

先賢秦子冉字開魯人唐贈彭衙伯從祀宋贈新息侯明嘉靖九年以家語不載疑史記誤書罷祀

國朝雍正二年禮臣議曰史記仲尼弟子列傳載秦冉子開既著其姓復標其字必有其人請復祀從之

先賢牧子皮力牧之後

國朝雍正二年禮臣議曰牧皮見於孟子趙岐注云牧皮與琴張曾晳皆事孔子學者也進從祀

先賢公都子 齊人孟子弟子宋贈平陰伯

國朝雍正二年禮臣議曰公都子精研性善之旨力闢義外之說進從祀

先賢公孫子丑 齊人孟子弟子宋贈壽光伯

國朝雍正二年禮臣議曰趙岐云孟子旣歿其徒萬章公孫丑相與記其所言有功於孔孟之道進從祀

先賢張子載 字子厚居郿縣之橫渠稱橫渠先生嘉定十三年賜諡曰明淳祐元年贈郿伯從祀

國朝康熙五十三年改稱先賢

先賢程子頤 字正叔稱伊川先生嘉定十三年賜諡曰正淳祐元年贈伊陽伯從祀元至順二年加贈洛國公

國朝康熙五十三年改稱先賢

先賢穀梁氏赤 尸子作俶顏師古作喜字元始魯人生周末唐從祀宋贈龔邱伯

先儒高堂生 索隱字伯魯人生漢初唐從祀宋贈萊蕪伯

先儒孔氏安國 字子國夫子十一世孫生漢武帝時唐從祀宋贈曲阜伯

先儒毛氏萇 趙人善說詩世謂毛亨爲大毛公萇爲小毛公生漢武帝時唐從祀宋贈樂壽伯

先儒鄭氏元 字康成東漢北海高密人唐貞觀中從祀宋贈高密伯明嘉靖中以學未顯著改祀

國朝雍正二年禮臣議曰鄭康成所注周易尚書毛詩儀禮禮記論語孝經尚書大傳及七政六藝論魯禘祫議詩譜周禮難百餘萬言括囊大典網羅百家漢史以爲仲尼之門不過是其出處進退一衷於道朱子有可謂大儒之稱復從祀

先儒范氏甯 字武子晉鄢陵人南昌太守唐貞觀中從祀宋贈鉅野伯明嘉靖中以學

未顯著改祀

國朝雍正二年禮臣議日范甯著春秋穀梁集解詞意精審史稱晉代崇學敦教未有如甯者其崇實論一篇闡發仁義推尊周孔洙泗之教賴以不墜實爲兩晉一人宋儒謂三傳之學穀梁所得最多諸家之解范甯所著最善復從祀

先儒韓氏愈 字退之唐南陽人諡日文宋元豐七年從祀贈昌黎伯

先儒胡氏瑗 字翼之宋海陵人爲湖州教授又召爲國學直講學者稱安定先生諡文昭明嘉靖九年從祀

先儒司馬氏光 字君實宋夏縣涑水鄉人封溫國公諡日文正咸淳三年從祀

先儒尹氏焞 字彥明一字德充宋洛陽人賜和靖處上

國朝雍正二年禮臣議日尹焞程伊川弟子學窮根本德備中和所著有論語解當時謂程門固多君子而質直宏毅 實體力行若焞者鮮進從祀

先儒胡氏安國 字康侯宋崇安人諡文定明正統元年從祀成化三年贈建寧伯

先儒張氏栻 字敬夫宋綿竹人號南軒先生嘉泰入年賜諡日宣景定二年從祀

先儒陸氏九淵 字子靜宋金谿人學者稱象山先生諡文安明嘉靖九年從祀

先儒黃氏榦 字直卿號勉齋宋福州閩縣人諡文肅

國朝雍正二年禮臣議日濂洛關閩而後任斯道之統者斷推黃勉齋朱子授以所著書日吾道之託在此吾無憾矣後金華四子遞衍其傳正學賴以不絕進從祀

先儒眞氏德秀 字景元宋浦城人寶元進士累官戶部尚書參知政事稱西山先生諡文忠明正統元年從祀成化三年贈浦城伯

先儒何氏基 字子恭宋金華人謚文定

國朝雍正二年禮臣議曰何基黄幹弟子得淵源之懿所著解釋大學中庸書大易啟蒙通書近思錄皆以發揮爲名其學木於實心刻苦功夫所謂謹之又謹者也進從祀

先儒陳氏澔 字可大宋江西南康人

國朝雍正二年禮臣議曰陳澔生於宋季不求聞達博學好古潛心禮經著禮記集註學者稱爲雲佳先生明洪武時列其書於學官至今三百餘年士子俱遵奉之進從祀

先儒金氏履祥 字吉父號仁山元蘭谿人至正中賜謚文安

國朝雍正二年禮臣議曰履祥何基弟子所著書有大學章句疏義論語孟子集註考証書表註多先儒未發之義進從祀

先儒許氏衡 字平仲元河内人世稱魯齋先生謚文正至大二年封魏國公皇慶二年從祀

先儒薛氏瑄 字德温明河津人學者稱敬軒先生謚文清宏治九年祀於鄉隆慶五年從祀

先儒陳氏獻章 字公甫明新會人隱白沙學者稱白沙先生萬歷十二年從祀

先儒蔡氏清 字介夫號虚齋明晋江人萬歷中賜謚文莊

國朝雍正二年禮臣議曰清之學以靜虚爲主平生飭躬砥行不愧衾影以善易名所著易經四書蒙引盛行於時進從祀

先儒陸氏隴其 字稼書

國朝平湖人雍正二年禮臣議曰陸隴其自幼以斯道
爲任精研程朱之學兩任邑令務以德化民入官
西臺章奏必抒誠悃平生端方孝友笑言不苟所
著書能發前人未發絲毫不詭于正稱
昭代醇儒進從祀

道光二年以明臣劉宗周從祀西廡列蔡清之次

道光三年以湯斌從祀東廡列羅欽順之次

道光五年以明臣黃道周從祀東廡列羅欽順之次

道光六年以明臣呂坤從祀西廡列蔡清之次

道光六年以唐臣陸贄從祀東廡列王通之次

道光八年以明舉人孫奇逢從祀西廡列呂坤之次

道光二十三年以宋臣文天祥從祀西廡列何基之次

崇聖祠

雍正元年追封五代

木金父肇聖王

祈父裕聖王

防叔詒聖王

伯夏昌聖王

叔梁紇啓聖王

東配

先賢顏氏名無繇字路家語繇字季路唐贈杞伯開元二十七年從祀宋贈曲阜侯明嘉靖元年遷配啓聖祠

先賢孔氏名鯉字伯魚宋咸淳三年從祀大觀中贈泗水侯明嘉靖元年遷配啓聖祠

西配

先賢曾氏名點字皙家語曾點字子皙唐贈宿伯開元二十七年從祀宋贈萊蕪侯明嘉靖元年遷配啓聖祠

先賢孟氏名激字公宜魯公族孟孫之後元延祐三年贈邾國公明嘉靖九年配享

東廡

先儒周氏名輔成周子敦頤之父明萬曆二十三年從祀

先儒張氏名迪張子載之父宋神宗時出知涪州立身端潔居官廉直貧不能歸葬於郿

國朝雍正二年從祀

先儒蔡氏名元定字季通隱居西山世稱西山先生卒謚文節蔡子沈之父明嘉靖九年從祀

西廡

先儒程氏名珦字伯溫贈永年伯二程子顥頤之父明嘉靖九年從祀

先儒朱氏名松字喬年歷吏部司勳郎中出知饒州朱子熹之父元至正二十一年謚獻靖二十二年贈齊國公 明嘉靖九年從祀

重修昭化縣志卷之二十五

學校志三

書院鄉學附

臨江書院在西街舊係邑令程餘慶於乾隆三年領銀四百餘兩於西街建修倉厫三十間備用因無穀可貯裁去程公墊繳銀三百兩應再變價繳銀一百二十兩至二十二年邑令吴邦熉詳請以此項銀兩就此地改爲書院前後各講堂三楹學舍悉具歲捐束修膏火之資尚草創而未備也嘉

慶二十二年邑令曾逢吉倡捐膏火等費并添修房舍設立規條規模粗具然所入不多不能廣爲栽培生童肄業者寥寥學業疎而科第仍復不振有心者顧之而愀然也至其名本名臨江嗣改慈嶺嗣改龍門查此地前臨鳳嶺後係翼山似不如改爲鳳山書院云

道光十九年署令毛士驥以學舍改爲考棚添置棹橙三百二十二號

臨江書院碑記　乾隆二十二年邑令吳邦熉

古之教者家有塾黨有庠術有序國有學興賢育才之所自昔重焉我

國朝定鼎以來文教覃敷遠軼前代自京都及各省府州縣衛學校之外咸令設立義學造就人才法至善也益州素稱天府自漢文翁立教而後英喆挺生即益昌一邑雖僻處蜀西而費文偉楊巨源諸賢輩出蓋亦代產名人矣迄今此地諸生中天資明敏者不乏其人大抵散處井閭藉耕爲讀向未建書院會萃羣英無由觀摩以底厥成耳甲戌初

春蒞任首先興修
文廟告竣因思邑內向有儲倉三十間設而未用應變
還造作之費承辦官前邑令敬直程公曾墊資三
百餘金尚不足銀百廿金奉
憲飭變倉房以還餘欵乃待價十年不能見售司
牧者睹此風雨飄零歲月遲久蹙然於心於是創
捐清俸諸紳士亦共樂輸繳還餘項改監倉爲書
院上詳
憲聽將程公墊欵亦請捐修以邪餘澤旋奉憲檄
允適縣城西古分司街有官地焉爲貢生張悅者
管業彼聞之出其壤基督匠鳩工不數月而告成
已夫天之生才悉鍾於山水之靈秀斯地也有牛
頭雲頭陰平石匱諸山還繞四面巖巖峩峩南通
邛僰北達褒斜其下出黃沙白水二河渺然如帶
彙入嘉陵一江而書院適築於西山之麓仰接巉
巖俯臨江瀨故號曰臨江書院自茲以往咨謀膏
火採訪名師教諸生以聖賢奧旨學問淵源旣具
明敏之資加以觀摩之益從此相期遠大娩美費

楊諸公仰副
聖天子作人雅化庶幾黙合塾庠序學之義又豈徒以
高山流水誇名勝於茲土也哉因序其本末以爲
記

葱嶺書院碑記　嘉慶二十一年邑令曾逢吉

昭化臨江書院建於乾隆二十二年邑令吴公邦熉以倉廒地率邑人士構內堂三間講堂三間二門三間內外書舍共八間迄今閲六十年將就傾圮而尚未延請山長原其故總由束修膏火無所自出今年春仲余與兩齋老師集諸生監于明倫堂起議捐輸先自捐銀二百兩以爲之倡同時陳夫子兆颺家夫子邦思季夫子時中司廳蘇君貴署捕廳李君棟捕廳戴君廷珪各倡捐銀有差邑貢監官生暨各捐職等卽無不踴躍樂輸共得銀一千五百兩零一千一百兩合冬季息銀八十八兩自二十二年正月起共銀一千二百兩付本城字號每月三分行息計一年可得息銀二百八十八兩作書院一切支銷其餘四百兩卽以移建

聖廟復卽書院左右添修廚房三處共五間門房一間

其學規及動支條欵並公捐銀兩姓名數目另爲刋册備案雖然涓滴之水其潤幾何引而注之可以千里後之好善而光大其事者其苦心培植更何如矣至書院之名乾隆三十八年觀察查儉堂先生過此更臨江曰葱嶺以舊志縣有葱嶺也葱嶺卽縣南百四十里之龍門山今而後佳氣葱鬱其揚鬣而登者將從此蔚起矣乎故仍之是爲序

書院規條碑記

道光元年教諭張　柱

葱嶺書院振興自曾小樓明府始其時籌募立規粗有門徑延師課士公費外所以鼓舞而曲成之者悉捐廉爲之教學所由盛也惜昭化缺瘠差繁吏如傳舍繼者非因循苟且卽徇私任情函丈塵生戸外履絶絃誦衰而廉恥喪俯仰今昔疇不慨然楊蓉江明府以閬中名孝廉揀發來川歴署名封皆有惠政權雙流令時揭聯于堂云官名父母須慈愛家有兒孫望久長其居心行事可想見矣題授斯邑嘉慶二十五年十二月二十七日蒞任

明年四月請養解組其間方四月耳事不煩而民不擾士民德之書院時事日非規條日亂命諸生等斟酌事宜量入爲出損益前賢之法而務協其中議成立案飭令泐石垂遠瀕行又復捐廉五十緡以勸諸生鄉試諸生何幸得二賢之振興培植殷勤如斯也夫書院育才地也擇有品望者以爲之師選高明沉潛者以從其教出爲名臣處爲端士況邑滙劍閣嘉陵之秀鬱而必發聖賢不擇地而生吾知英才之蔚起也遂書以爲諸生勸而勒規條於碑

龍門書院改設考棚記道光十九年 署令毛士驥

昭邑向無考棚歲戊戌余攝篆斯土春三月於縣署大堂舉行童子試人不滿三百諸童既苦自備棹櫈之艱一逢風雨且至不能作字惻然憫之適詣龍門書院知講堂外兩廂屋宇宏深肄業生童素不居宿爰捐廉命工匠置造棹櫈每號計長一尺五寸寬如式兩廂自閏字至生字得二百五號講堂東西自麗字至闕字得六十號又講堂後添

建過亭左右得三十六號又小西偏自珠字至光字得三十一號共得三百三十二號按號刊就木戳印記卷面俾士子各歸本號恪遵功令所以肅場規也其門庭點名處所以及內外路逕俱量爲培寬搆接費只百金考棚規模草草俱備此固因陋就簡足敷目前坐號而已他日人文蔚起東邊隙地空曠儘可酌增號舍數百擴而充之存乎其人勿謂限於地也工既竣邑紳吳濟等以公議規條籲請勒石因書其厓畧如右

鄉學八處

一本城設立養正鄉學一處每年束脩錢十千文向取本城斗租今支用貢生范映輝捐欵利息錢十二千文

一白水街設立育英鄉學一處每年束脩錢十六千文在該場地租廟租支給

一三堆壩設立書升鄉學一處每年束脩錢二十千文在該場斗租廟租支給

一天隍院設立精勤鄉學一處每年束脩錢十千

文在該場斗租支給
一寶輪院設立論秀鄉學一處每年束脩錢十七
千文在該場斗租廟租支給
一虎跳驛設立秩敘鄉學一處每年束脩錢十千
文向取該場斗租錢三千文陸前令捐欵利息錢
七千文今斗租錢又增一千文利息錢又增四千
文共支錢十五千文
一鴛溪口設立申義鄉學一處每年束脩錢十千
文在該場斗租支給
一大木樹設立仁讓鄉學一處每年束脩錢十六
千文向在陸前令捐欵利息支給今又增該場斗
租錢四千文共支錢二十千文
按鄉學之設係道光四年邑令謝玉珩奉載制憲
札飭設立本城大木樹白水街三處五年署令王
旭齡復設寶輪院三堆壩天隍院虎跳驛鴛溪口
五處道光六年署令陸錫祺始立定章程從各處
斗租地租廟租支給不足者復自捐一百五十千
生息補之詳明 在案今略有更易一併註明

重修昭化縣志卷之二十六

武備志

防守

霍峻（三國志本傳）字仲邈南郡枝江人先主自葭萌南還襲劉璋留峻守葭萌城張魯遣將楊帛誘峻求其守城峻曰頭可得城不可得帛乃退去後璋將扶禁向存等帥萬餘人由閬水上攻圍峻且一年不能下峻城中兵纔數百人伺其怠隙選精鋭出擊大破之即斬存首先主定蜀嘉峻之功乃分廣漢爲梓潼郡以峻爲梓潼太守裨將軍在官三年年四十卒還葬成都先主甚悼惜

蜀費禕字文偉江夏鄳人少孤桓帝永康中依族父伯仁入蜀先主取漢中聞其賢聘爲太子舍人遷庶子後主即位爲黄門侍郎使吴還遷爲侍中建興五年丞相亮北征表稱禕良實志慮忠純請宫中之事事無大小悉以諮之必能裨補闕漏有所廣益十二年丞相病篤帝使僕射李福問百年後誰可任大事者曰文偉可十三年爲尚書令延

熙六年爲大將軍錄尚書事七年魏曹爽寇漢中帝遣救之將行光祿大夫來敏詣别求共圍棊時羽檄交至人馬擐甲嚴駕已訖與敏對戲無倦色敏曰向聊試觀君耳君信可人必能辦賊也爽引軍欲還據三嶺以截之爽爭險苦戰僅乃得過亡失甚衆帝命兼益州刺史九年與姜維並錄尚書事十一年出屯漢中十四年北屯漢壽十五年命禕開府十六年歲首與諸將大會歡飲沉醉爲降人郭循所害謚曰敬侯禕汎愛不疑待新附太過

張嶷與言以岑彭來歙爲戒禕不聽故及禕識悟過人爲尚書令省讀文書舉目究意終亦不忘常以朝晡聽事其間接納賓客飲食博弈盡人之歡而事無廢闕及董允代爲尚書令欲效之旬日之中已多愆滯乃歎曰人材相遠如此非吾所及也史稱其雅性謙素當國功名畧與蔣琬比

國朝王士正讀史小樂府詩費公能辦賊嚴駕且圍棊賭墅東山者風流自汝師

劉宋申坦爲晉壽太守元嘉十八年楊難當南寇

尅葭萌獲甲坦死之詔贈巴西梓潼二郡太守
梁張齊爲巴西梓潼二郡太守葭萌人任令宗因
衆之患魏也殺魏晉壽太守以城歸欵齊率諸軍
迎令宗魏元景隆來拒齊擊之大破魏軍於葭萌
魏增兵復來齊兵少不利於是葭萌復沒於魏
魏胡小虎河南河陰人爲晉壽統軍梁文樊文熾
寇邊益州刺史邴蚪遣長史安和固守小劍命小
虎往防被擒文熾圍小劍未陷逼小虎與安和交
言小虎慷慨謂安曰我棚不防爲賊虜公努力堅
守魏遣將已至賊共擊以刃言不得終死之後以
所獲賊蕭世澄易其屍乃獲歸葬
宋徐昕昭化守將也與閬巴守將張實利州守將
王佐苦竹隘守將楊立相友善度宗咸淳間元世
祖兵起張實爲元將紐璘所獲璘遣實往説楊立
來降實至苦竹隘謂立曰實受宋氏恩久矣可斬
實首級以降立曰公不死而受遣以來何不斬立
首而降之乃共誓死守招逃散士卒檄王佐徐昕
之兵與元兵夾戰於蟠龍山柏林驛斬獲數千級

元兵困守六月糧盡欲還師而元主大兵由漢中
來楊立張實與戰不勝而死徐昕王佐走長寧山
鵞頂堡據險固守元取成都之後招降不從以無
糧自焚死洪武五年立祠昭化以表其忠
明吳信字無欺江南巢縣人清平伯吳晟之支孫
也永樂初立功於靈壁堡蔭封龍灘驛昭信校尉
世襲百戸洪熙二年子文煥襲正統二年子昇襲
天順年子應坤襲宏治八年子鑑襲正德九年子
鳳襲值藍廷瑞餘黨廖麻子等之亂鳳守桔柏津
置大砲禦之賊不得渡江而返以功陞本衞正千
戸嘉靖十三年子松襲萬歷二十四年子國輔襲
以功陞本衞指揮歷川北鎮都督僉事天啟元年
子保和襲崇正十四年子琮襲大兵入蜀琮迎於
廣元奉　肅王令仍管龍灘驛務順治九年白旺
圍保寧調守北門有保障功陞利州衞指揮管守
備事
蔡蒿龍灘總旗也天順中賊冦安浩作亂隨王忠
恭討之功陞柳林屯百戸正德七年廖麻子縱横

昭廣之間蒿守二郎闘力禦之爲賊所執罵賊不屈而死贈誠信校尉世襲百戶通志作蔡高廣元志作蔡蒿俱云陞利州衛指揮當是一人而傳聞有不同也

張達字承詔榮國公張玉之支孫也永樂二十年蔭虎跳驛昭信校尉世襲百戶宣德間子恊襲天順間子士訓襲正德間子亮襲嘉靖間子爵襲萬歷間孫宗良襲天啟間子大鵬襲

貫一道永樂間旱龍驛百戶也正德間子通襲通善膂力嘗射虎於梅林關太史楊慎詩紀其事

蕭居敬永樂間柏林驛百戶也以上見舊志

仲登榜明崇禎時虎跳驛守備也見興泉寺毋邑言碑記

康熙十三年吳三桂反川督周有德駐廣元賊水陸並進有德奮勇攻擊悉敗之嘗於戰酣時大呼陷陣流矢貫左臂裹創復戰忠勇可想是年十一月賊悉衆來攻巡撫張德地率兵渡江身先矢石偕有德死闘大敗賊於昭化卒保廣元

按今東關凉亭下有碑大書川督周有德帶前勦寇處紀實也其五世孫炳赴池州府任至昭化復刋新石

康熙十八年冬十二月吳三桂黨吳之茂潛兵白水壩勇畧將軍趙良棟討之抵白水賊阻江對壘十九年正月初一日官兵渡江直入擒斬千餘人

嘉慶四年苟冉二逆由菩提灘過河太公寺雞頭埡一帶百姓被害者甚多五年參贊大臣德公諱楞泰率官兵四萬路經桔柏渡隨搭浮橋佳札二日移營行至江口勦賊大勝六年七月初五日薄暮高姓股匪數人欲偷過桔柏渡有關賈氏見而查問被殺時邑令王銓典史王弼率兵民逐去城內得無擾

建昌鎮張志林綿州人嘉慶五年帶領官兵在縣城東門外桔柏渡防堵

廣東高廉鎮許文模成都人嘉慶六年帶領官兵自白水街起至合州一帶巡查

松潘鎮呂朝龍嘉慶七年帶領官兵在縣城北門

外東嶽觀防堵
山西東路營衆將崔德恒嘉慶七年帶領官兵在
桔柏渡防堵
貴州上江協趙德功嘉慶六年帶領官兵在縣治
南二百里亭子口防堵
漳臘營衆將沈宗文嘉慶五年帶領官兵在縣治
北一百八十里白水街防堵
督標左營把總郝玉龍成都人嘉慶六年帶領官
兵一百五十名在桔柏渡協堵

潼綿營千總金榮閬中人嘉慶五年帶領官兵在
縣治南一百二十里馬道院防堵
川北中營把總朱瑶光南部縣人嘉慶五年帶領
官兵在縣南一百四十里虎跳驛防堵
吳友邑人在縣治桔柏渡帶領鄉勇防堵嘉慶六
年高姓股匪至桔柏江搶渡協同官兵堵禦賊退
保寧府德恩詳奉部准給六品頂戴
羅斌邑武生在縣屬之郭家渡自備貲斧鳩集義
勇防堵江岸嘉慶四年張姓股匪至白家堡帶領

義勇至大高山一帶堵禦賊退保寧府德恩詳奉部准給六品頂戴

李宗柏邑人在縣治五佛岩火焰灘自備貲斧鳩集義勇設卡防堵江岸賊退保寧府德恩詳奉部准給六品頂戴

荀睿邑人在縣治賓輪院嘉陵白水兩江要隘自備貲斧鳩集義勇設卡防堵賊退保寧府德恩詳奉部准給六品頂戴

王學義邑人在縣治沿江自備貲斧鳩集義勇無分界域巡防江岸賊退保寧府德恩詳奉部准給六品頂戴

重修昭化縣志卷之二十七

武備志 二

兵制

明昭化汛駐防遊擊將軍一員隸廣元鎮弁兵二百名守禦各隘口分防之紫嵐隘汛兵二十名白水關汛兵五十名

國朝改千總一員初隸廣元協康熙四年改隸川北鎮右營乾隆二十二年改設把總一員管馬兵十二名步兵九十五名共一百七名其存汛防守之兵馬兵三名步兵二十名餘分置各塘凡二十九塘

馬塘三本縣所屬之底塘大木樹塘劍州所屬之劍關塘各置馬兵三名步兵三名

步兵二十本縣所屬之天雄關塘新鋪塘竹埡子塘孔道新塘高廟鋪塘劍州所屬之誌公寺塘青樹子塘漢陽鋪塘石洞溝塘抄手鋪塘州城底塘清涼橋塘俱西路大道也本縣所屬之板石鋪塘石井鋪塘廣元縣所屬之金嵐鋪塘清水鋪塘施店驛塘皆南路大道也本縣所屬之紫蘭壩塘三

堆壩塘五里埡塘北路大道也各設步兵三名
水塘三水縣所屬之桔柏渡塘白水街塘虎跳驛
塘各設步兵三名
外塘二本縣所屬之梅樹鋪塘係川北鎮右營駐
防廣元汛天隍院塘係松潘鎮龍安營駐防平武
縣𦯀溪汛各設步兵三名
道光二十四年總督蔣攸銛奏准昭化汛兵除撥
入新設廣元營外只存兵四十七名
存汛馬兵二名　戰兵四名　守兵二十四名
大木樹包塘馬兵三名
西路七塘　底塘守兵一名　天雄關塘守兵一
名　新鋪塘守兵一名　竹埡子塘守兵二名
大木樹塘守兵一名　孔道新塘守兵一名　高
廟鋪塘守兵一名
南路四塘　石井鋪塘守兵一名　金嵐鋪塘守
兵一名　清水鋪塘守兵一名　施店驛塘守兵
一名
水塘二處　桔柏渡水塘守兵一名　虎跳驛水

塘守兵一名
孟孝閬中人行伍以下皆千總也
孔實閬中人行伍
孫管閬中人行伍
李寶閬中人行伍
温中和成都人武舉
劉偉陝西長安人武舉
文義林陝西南鄭人行伍
段新横達州人行伍

陳謨閬中人行伍
王廷斌閬中人行伍乾隆二十四年任以下皆把總也
魏金龍閬中人行伍乾隆二十八年任
岳元勲閬中人乾隆三十一年任
李仁閬中人行伍乾隆四十二年任
方大榮陝西西鄉人行伍乾隆四十七年任
陳應舉閬中人行伍乾隆四十九年任
李全忠閬中人行伍

陳英閬中人行伍嘉慶四年

蘇貴外委嘉慶年間署任　衙署皆其修理

胥元昭成都人行伍嘉慶二十四年任

徐志美郫縣人武舉嘉慶二十五年任

詹奎元綿竹人武生道光二年任

曾勗郫縣人武生道光十九年任

重修昭化縣志卷之二十八

武備志三

驛傳

昭化舊有水龍灘驛虎跳驛圓山驛旱龍驛柏林驛各有百戶一員隸利州衛指揮而龍灘虎跳圓山各置驛丞一員今驛路改由縣城劍州一道諸驛盡裁

本縣驛站舊額站馬二十四匹馬夫十二名大木樹腰站馬十二匹夫六名康熙五十七年因川陝

接壤而神宣驛以西十六站馬匹不敷奏請每站設馬三十匹昭化驛增站馬六匹夫三名大木樹增站馬十八匹夫九名雍正五年裁存原數六年復設

大木樹地屬昭化康熙五十五年初設驛站歸劍州支應乾隆三十年署令阮澍與劍州牧李枝昌議詳奉文改歸昭化每年應需工料銀兩在本縣地丁銀内儘數支銷舊例本縣地丁銀每年攤給劍州劍門站銀三百六十三兩二錢二分攤給廣元神宣驛站銀三百四十五兩二錢遇閏年加撥劍門站銀六百四十四兩二錢六分自大木樹改歸之後地丁不敷支銷除劍門神宣停其撥給外仍移領閬中縣地丁銀二百九十五兩三錢四分遇閏年減發領銀九十八兩二錢六分

馬匹草料銀舊額每馬一匹歲支草料鞍轡銀一十八兩康熙三十二年照江南安徽例每匹日支草料銀六分應歳支銀二十一兩二錢四分遇閏加銀一兩八錢合銀二十三兩四分統正腰二站

馬六十匹應歲支銀一千二百七十四兩四錢遇
閏加銀一百八兩合錢一千三百八十二兩四錢
馬夫工食銀舊額每馬夫一名歲支工食銀二十
八兩八錢康熙二十三年定每名日支工食銀四
分八釐應歲支銀十六兩九錢九分二釐統正腰
二站馬夫三十名歲支銀五百九兩七錢六分遇
閏加銀四十三兩二錢合銀五百五十二兩九錢
六分
棚廠槽鍘銀雍正六年議照湖北茶馬例每匹歲
支銀一兩四錢二分統正腰二站馬六十匹歲支
銀八十五兩二錢
倒馬買補銀康熙二十三年議照湖北每年十分
補三之例每匹照茶馬例買補銀八兩統正腰二
站六十匹歲應補馬十八匹歲支買補銀一百四
十四兩倒馬每匹截扣草料銀二百共十八匹歲
計三十六日應繳銀二兩一錢六分又每匹皮臟
變價銀五錢共十八匹應繳銀九兩歲共繳銀一
十一兩一錢六分舊解驛鹽道庫完納乾隆四十

重修昭化縣志

第五冊

卷之二十九武備志　鋪遞

卷之三十職官志　縣令

卷之三十一職官志　丞簿

卷之三十二職官志　教諭

卷之三十三職官志　訓導

卷之三十四職官志　典史

卷之三十五選舉志　進士

卷之三十六選舉志　貢生

卷之三十七選舉志　吏監

卷之三十八選舉志　武科

重修昭化縣志卷之二十九

武備志 四

鋪遞

舊大路由廣元過二郎關南下保寧又南經潼川中江漢州新都抵省城於縣設鋪遞七處曰溝頭龍灘漫三梅樹圓山石井金嵐每鋪各置司兵四名額給工食銀七兩二錢旗鑼銀二兩縣城往來劍廣別有僻路亦設鋪遞五處曰皂角板石官店朝陽高廟每鋪各置司兵二名惟縣門領投上下公務較劇設縣門鋪置司兵四名每名額給工食銀六兩

國朝康熙二十九年改從今路設昭化驛於縣城而塘鋪以次移建東通廣元西達劍州於是有皂角榆錢桔柏縣門天雄新鋪竹埡大木高廟之九鋪其故驛道僅存溝頭龍灘梅樹板石四鋪乾隆二年歸皂角鋪於廣元而板石係一邑往來裁之凡十有一鋪

通京驛道謂之極衝凡八鋪每鋪置司兵四名共

三十二名每名歲支工食銀六兩共銀一百九十
二兩遇閏每名加銀五錢共銀十六兩在地丁項
下扣支
曰榆錢鋪係廣昭分界處上接廣元皂角鋪十里
下接桔柏鋪十里
曰桔柏鋪下接縣門鋪十里
曰縣門鋪下接天雄鋪十里
曰天雄鋪下接新鋪十里
曰新鋪下接竹埡鋪十里

曰竹埡鋪下接大木鋪十里
曰大木鋪下接高廟鋪十里
曰高廟鋪係昭劍分界處下接劍州七里坡十里
通府僻道謂之次衝凡三鋪每鋪置司兵二名共
六名每名歲支工食銀六兩共銀三十六兩遇閏
每名加工食銀五錢共銀三兩在地丁項下扣支
曰溝頭鋪係昭廣分界處上接廣元界牌鋪十里
下接龍灘鋪二十里
曰龍灘鋪下接梅樹鋪二十里

曰梅樹鋪係昭廣分界處下接廣元石井鋪二十
里至縣城六十里
道光二年奉文裁撤僻路三處鋪司改爲月差派
送即以鋪司工食爲月差之費仍按十一處鋪司
請銷

重修昭化縣志卷之三十

職官志一

縣令

後漢祝龜南鄭人葭萌長
唐鄭凝績天寶間人元宗幸蜀凝績迎於桔柏渡
上問治益昌何政對曰無擾按凝績榮陽人宰相
子後任璧州刺史
何易于懿宗咸通元年任益昌新唐書循吏本傳
不詳何所人及所以進爲益昌令縣距州四十里

刺史崔林常乘春興賓屬汎舟出益昌旁索民挽綍易于身引舟朴驚問狀易于曰方春百姓耕且蠶惟令不事可任其勞朴愧與賓客疾驅去鹽鐵官榷取茶利詔下所在毋敢隱易于視詔書曰益昌人不徵茶且不可活矧厚賦毒之乎命吏閣詔吏曰天子詔何敢拒吏坐死公得免竄邪對曰吾敢愛一身移暴於民乎亦不使罪爾曹卽自焚之觀察使素賢之不劾也民有死喪不能具葬者以俸勅吏爲辦召高年坐以問政得失凡關民在廷易于丁寧指曉枉直杖楚遣之不以付吏獄三年無囚督賦役不忍迫下戶或以俸代輸饋給往來傳符外一無所進故無異稱以中上考遷羅江令

國朝王士正汎嘉陵江至益昌（自注今昭化縣）懷何易于詩益昌古利州由來五達衢白水合嘉陵山谷相盤紆我有汎舟役萬里經川塗望古懷清芬所思何易于刺史乘春夏晝鷁盛嬉娛前舟載賓客後舟羅笙竽索民爲挽舟牽綍須百夫縣令腰笏前挽舟自先驅刺史驚問狀縣令乃前趨方春耕且蠶民

力方勤劬令適暇無事 可以充卒徒剌史聞之慚上馬如亡逋仁人重一 言能使民力蘇老獻徵樵文撫之載唐書累百守 令中尚有斯人無作詩告有位磬石鑱山隅按唐 孫樵書何易于事見集中又見舊唐書循吏傳故 詩中云云

邑令楊瀾讀孫樵書何易于事感賦詩吾羨唐時令憂民願不違大官供頓盛下吏典司微引纜形無狀妨農語涉譏賢哉崔剌史感愧乃知非

宋高繼安高宗紹興中 任民刻石土地祠頌之文甚奇古其詞曰仕宦之身天涯海畔行商之身南州北縣不如田翁長拘見面門無官府身卽強健麻麥滿地猪羊滿圈不知金貴惟聞粟賤夏新絹衣秋新米飯安穩眠睡直錢千萬我田我地我桑我梓只知百里不知千里我饑有糧我渴有水百里之官得人生死孤兒寡婦一張白紙入署縣門寃者有理上官不嗔民皆歡喜上官不富民免辛苦生我父母養我明府苗稼萋萋邑東邑西父母之鄉天子馬蹄

吳淵字道甫宣州人由建德王簿陞任初丞相史彌遠器之曰君國士也開化新置尉欲以處君淵謝曰甫得一官何敢躁進彌遠爲之改容及爲令值督稅使者徵之急淵曰吾寧獲罪於上不忍困民以事上也使者歎曰向者聞子才名鴻博今乃見政事矣今之循吏非子而誰後官至浙東提舉

按舊縣志於舊志中之附會者削去二十三人猶有八人無可徵信附存于後今仍存之

唐咸亨中吳繼曾

宋寶元中尹洙源

治平中陳麟

元豐中朱冠卿政簡刑清禮賢愛士

建中中李由負性剛直而多善政

紹興中聶子述

開禧中鄧信輔

嘉定中吳伋寬刑緩賦愛養兼全遷華亭令

元柯九思成宗元貞中任招撫流民間墾荒撫邑稱慈父母焉以下俱照舊志錄之

洪華泰定中任雅重儒術愛民勤政
明郝信甫太祖洪武八年任綏輯教養有惠聲祀
名宦通志信甫多能任事學校公署皆其剏建厥
功懋焉
魯鳳韶洪武二十二年任
劉溥宣宗宣德中任
曹能英宗天順中任
李璽孝宗宏治中任
傅艮玉廣西馬平舉人世宗嘉靖中任
楊四知陝西咸寧舉人穆宗隆慶元年任大堂東
偏鐘係公所鑄
李仲實進士穆宗隆慶五年任建文廟於北門外
自仲實始也神宗萬歷元年天氣亢旱躬率士民
禱於富水洞之龍王廟果雨因葺廟而新之邑人
羅一鳳爲之記
陸子復崇明進士神宗萬歷四年任嘗刻勸農記
一篇於署右
黄甲英舉人萬歷十年任

王庠歲貢萬歷十七年任
尹愉舉人萬歷二十年任
陳時宜湖廣蘄州舉人萬歷三十年任
章志尹萬歷三十九年任
鄭之良湖廣黃州拔貢萬歷四十四年任
王學廉貴州解元哲宗天啟五年任
胡淑昌浙江人懷宗崇正元年任
沈仕奇江南吳縣進士崇正四年任善決疑獄憲司每倚重之民有訟者即時審決民無裹糧爲之歌曰沈侯賢吏無積案民無沉冤吁嗟乎沈侯賢升工部虞衡司主事
王時化湖廣江夏解元崇正七年任十年十月初三日李自成以數十萬衆破寧羌州分其軍爲三一由黃壩攻七盤關一由梨樹口麥坪入廣元一由陽平關過青岡坪土門塔向白水總兵侯良柱敗歿於軍初五日賊分兵守二郎關初八日從淺灘過河攻陷昭化時化爲賊所執駡賊不屈死之全家殉難贈尚寶寺丞

按殉節諸臣錄昭化知縣王時化江陵人崇禎十年闖賊陷城死之乾隆四十一年

賜謚節愍

劉喬根殉節諸臣錄昭化縣知縣劉喬根陝西人崇正十一年拒獻賊賊執大罵死之乾隆四十一年

賜謚烈愍舊志誤載此改正

孫起祚雲南舉人崇正十一年任是年總督洪承疇大破自成於梓潼自成還走陝西六月復由陽平白水入寇巡撫傅宗龍却之十三年羅汝才入蜀邵捷春扼之於涪江賊疾走劍州越廣元將從間道趨漢中趙光遠賀人龍拒之於陽平百丈二關乃踰昭化走巴西時起祚固守昭城得以不陷

龎兆龍崇正十五年任

汪應朝湖廣舉人崇正十七年任以上俱見舊志

國朝高培元直隸安肅生員順治三年任舉旗戸李天年振救逃民存活以數千計陞寧波府同知按廣元志亦載之殆國初兼治也

劉見龍浙江人順治七年任因兵燹之後土地荒
蕪給牛種招民墾之明季獻賊徇昭化驅百姓數
千人沉之江每陰雨之夜時聞鬼哭聲公爲文祭
之而安陞五省經畧使
吳濟世陝西人順治十二年任
高而明陝西臨潼舉人順治十四年任行取按察
御史
李維風河南人拔貢順治十七年任
郭嶷然字因之陝西朝邑人順治乙酉舉人康熙
二年由閩清令調任有黠婦爲衆盜主前令多爲
其挾制嶷然捕下獄斃之黨羽解散撫民如子爲
置耕織之具地故產金謂之狗頭金民爭以獻悉
却之解官囊無長物祀名宦
范儀湖廣舉人康熙九年任十三年吳三桂叛據
雲南僭稱周全川應之賊將遂據七盤關而廣元
昭化俱陷儀北向痛哭再拜削髮歸
王維坤康熙十年任
吳天木字西山浙江嘉興貢監康熙二十年任時

值大亂甫定城中僅皂快一名吏書三人百姓五
六家而已天木多方招徠之逃民稍稍集有武生
董繼舒者勸之力學後繼舒中武甲爲常州營守
備工於詩文垂老猶稱西山夫子蓋其澤於敎誨
也深矣常命邑諸生採訪考訂勒爲邑志垂一縣
之典以陞遷未果然邑有志實自天木發之也嗟
乎撫新造之邑而敎養文獻一一爲之振起竊以
爲古之循吏不是過也
盧承恩號瓠園奉天廣寧貢監康熙二十三年任
招民墾山田數百頃而建置衙署祠宇不以累民
暇則植花木於庭而清玩之長於詩所在有吟咏
之作今碑版朽敗不可紀錄矣陞雲南騰越州知
州大堂有昭化二字扁額係公書
孔毓德山東曲阜聖裔舉人康熙三十一年任慨
文廟廢墜爲修大殿及戟門櫺星門之屬而驛路
險阻之碍行旅者率士民修之東至五里埡西至
孔道新成歌坦路矣縣無館舍有使者至建見野
亭宿之今亭廢

劉之舒湖廣黄陂拔貢康熙三十八年任

李煜字公溪山西聞喜歲貢康熙四十二年任陞獨山州牧

劉中桂字淡巖江南金壇舉人康熙五十年任

何秉忠福建進士康熙五十五年任

趙樹滋山東歲貢康熙五十九年任

江日安江南附生雍正五年任

程餘慶字敬直浙江仁和縣人康熙庚子舉人雍正六年任有惠政民歌誦之曰春光萬戸秋月一簾

孟照字含采號容軒直隸趙州人雍正癸卯舉人六年任莅昭七載以疾致歸民爲之頌十二善政

其一捐修文廟詩賢侯首在敷文教鶴俸捐修夫子堂泮水一池清似鑑但留明德是馨香

其二訓課諸生詩文翁化俗高千古共説流風直到今桃李無言春自足深紅淺白一溪深

其三勸民開墾詩西蜀由來稱土滿一犁春雨遍南東只今春穗青如黛繪入籃輿勸譜中

其四教民蠶桑詩女紅不減農夫利三月蠶姑正及時一騎清風過陌上據鞍遥聽採桑詞

其五捐修塘坊詩太平原不傳烽火接道墩臺只壯觀新掛畫旗飄栁外戍樓高處德威寒

其六丈量合法詩使君履畝非加稅爾界此疆各守成丈册還須鎔鐵鑄耕田鑿井萬年清

其七革除陋規詩陋習相仍多苟且苞苴盡絶獨精嚴晚來衙散花陰下添得爐香是古奩

其八差不擾民詩爪牙最毒稱難制雷令風行在使君白晝柴門無卒吽倚鋤閒撥綠畦雲

其九平治道路詩蜀道連雲險若何牛頭山頂蔚藤蘿誰開險峻五丁使白馬驕嘶振策過

其十賦無苛煩詩桑麻雞犬原無事絲粟平售怯夜呼恃有神君勤撫字迎神賽社日含哺

其十一刑不濫用詩懲惡務嚴卽勸善小人懷惠亦懷刑天良悔處愚頑化野草青環囹圄生

其十二案無寃民詩何求不得憐三木姦宄譸張却有辭訟庭高處懸秦鏡明察之官慈惠師

靳夢熊中書雍正六年任
宋祐江南舉人雍正八年任
楊統正山東舉人雍正八年任
左粤章廣東舉人雍正十二年任
陳世潤直隸寧晉舉人雍正十二年任
郎嘉卿山西監生乾隆八年任
金尚素浙江吏員乾隆八年任
杜三德直隸祁州進士乾隆九年任
吳維世直隸河間舉人乾隆十八年任
吳邦熉字紫亭號丹岩浙江仁和人雍正甲辰舉人乾隆十九年任不延幕友亦無畏隨獨攜二蒼頭騎欵段馬到任治獄明決是非曲直各得其意以去歲有餘俸爲修書院文廟及費公墓不以一錢累民也以年老耳聾致歸
阮樹貴州拔貢乾隆二十八年任
朱立經山東貢生乾隆二十八年任
李宜相廣東進士乾隆二十九年任奉文修城調宜賓令歿於任

李作梅湖北武昌舉人乾隆二十九年任
趙偘漢軍舉人乾隆三十二年任
彭雲際廣東拔貢乾隆三十三年任
吳廷相山東寧陽舉人乾隆三十三年任
李暉直隸元氏進士乾隆三十七年任
高大業浙江錢塘監生乾隆三十九年任
謝泰順天大興舉人乾隆三十九年任
余大鶴雲南進士乾隆四十年任
高瑛漢軍貢生乾隆四十年任
葉道傳安徽監生乾隆四十三年任
莫和元廣東瓊州貢生乾隆四十三年任
張五倫陝西涇陽監生乾隆四十三年任
高士玉浙江烏程進士乾隆四十五年任
洪成龍徽州監生乾隆四十五年任
張天祿順天大興監生乾隆四十六年任
趙學路浙江會稽吏員乾隆四十七年任
吳均順天監生乾隆四十七年任
陳堯光貴州都匀進士乾隆四十七年任

游際泰 廣東舉人乾隆四十八年任
孫文起 武進進士乾隆四十八年任衙署皆其剏
建
李元湖 北舉人乾隆五十年任字太初莅事明決
案無留牘暇日與邑之子弟講經文念邑志之久
缺分類編次遂成數百年未有之書
朱毅廣西進士乾隆五十二年任
楊凌明 安徽教習乾隆五十二年任
黃河清 浙江進士乾隆五十二年任
余英紹 興吏員乾隆五十三年任
吉士璜 江蘇舉人乾隆五十五年任
李培垣 雲南舉人乾隆五十五年任好士愛民剏
修先蠶祠有詩刻石唱和者甚衆
陳煥章 福建侯官舉人乾隆五十六年任
俞廷舉 桂林舉人乾隆五十六年任
朱泰茹 海寧州舉人乾隆五十八年任
張洪陽 湖議叙乾隆五十九年任
張瑜江 西舉人乾隆六十年任

史欽義紹興副榜嘉慶五年任清操自勵民有父
母之頌
王銓山西監生嘉慶五年任
李培賢廣東監生嘉慶五年任
熊譪和江西副榜嘉慶六年任
邵友渠陜西舉人嘉慶六年任
李步瀛河南舉人嘉慶八年任
徐紹斗江西舉人嘉慶九年任
王衡陜西監生嘉慶十年任
李廷勲貴州舉人嘉慶十一年任
蔣其熙廣西桂林舉人嘉慶十四年任
宋聖臣河南舉人嘉慶十四年任勤於吏治境內
清肅
趙秉瑢江西從九嘉慶十六年任
羅應樞順天舉人嘉慶十七年任辦賑濟救災荒
民沾其惠
曾逢吉湖北舉人嘉慶十七年任書院文廟義倉
衙署等皆其經理才名藉甚

汪誠順天副榜嘉慶十九年任寬恕慈愛施粥以
賑饑荒於東關外河岸立水則碑以殺水勢俾免
衝突
朱壬紹興舉人嘉慶二十年任協辦賑濟施棺木
以資貧不能殮者
丁必榮貴州貢生嘉慶二十二年任
趙岳蘭安徽監生嘉慶二十二年任清白自守不
擾民間
曹樹本杭州舉人嘉慶二十三年任禮士愛民存
心忠厚
沈楫紹興監生嘉慶二十四年任
張景槐錢塘從九嘉慶二十五年任
楊瀾福建舉人道光元年任吏事精明心術仁厚
喜作育人才捐錢五十千以作鄉試路費未半載
告終養歸
彭鼎河南舉人道光元年任方正廉平絲毫不累
民間西關外立有德政碑皆其實蹟
孫真儒山西舉人道光二年任

謝玉珩陝西進士道光三年任精勤廉惠親教書院生童如嚴師捐錢五十千以作鄉試路費城隍祠文筆塔大木樹公館等處皆其𢶡建也

王旭齡奉天舉人道光四年任賑饑躬詣四鄉勸富户平糶境内晏然

陸錫祺廣西拔貢道光五年任字桂軒署任時正值凶歲又遇兵差至境公捐廉支持絲毫不以累民且施錢一百五十千以作大木樹虎跳驛鄉學之費炎天赤日督修隄堰其勵精爲治類如此

彭先華江西監生道光六年任

孫萬均湖北貢生道光八年任

徐輔忠江西進士道光八年任

臧翰山東舉人道光十一年任兵差過境不以擾民

張其仁雲南進士道光十一年任

彭履坦江西進士道光十二年任

張雲行河南祥符舉人道光十三年任在任最久操守清潔士民頌之

毓慶漢軍進士道光十三年任

馬逢臯雲南進士道光十四年任

夏文臻江西舉人道光十五年任

汪百祿浙江進士道光十六年任

徐凝績江西舉人道光十七年任

毛士驥浙江監生道光十七年任

白雲宰陝西未人道光二十年任

徐樹楠江西進士道光二十一年任

譚振清湖南監生道光二十三年任

張紹齡直隸舉人道光二十五年任

按各官之現存者雖有政績例不得書已　者可以書矣然遍查各房舊牘自雍正以下尚可其人而雍正以前隻字不存舊縣志所載亦寥寥數人自國初以來八十餘年中豈無賢者其姓名皆湮沒不傳余與諸同人再三查訪其政績可紀者不過近年各任而乾隆年間各任亦僅載姓氏其政績亦湮沒不傳噫是可慨矣

重修昭化縣志卷之三十一

職官 二

丞簿

舊設縣丞一員主簿一員

縣丞沿革不可考蓋明制也劍州志洪武五年昭化縣縣丞董養性署劍州事即舊址建立學宫主簿康熙二十年裁舊廨在縣治東今改爲驛站舊志宋開禧間黄國佐明嘉靖間游文漢萬歷間李一鰲天啟間李本大崇正間黄大業湯世望姚咸熙可紀者七人

巡檢元至正間有巡檢趙杰見九曲山石碑

國初未設雍正八年設駐白水置衙役二名弓兵十四名乾隆六年裁缺全裁歷任姓名無考今白水街有故廨在焉蓋白水僻遠東北居陽平陰平之要害去縣城一百三十里故宜置巡檢以鎮之但昭邑醇樸之風民情安帖自可遥理裁之爲便

按白水巡檢陳舜裔雍正十年任乾隆元年裁缺兹云六年誤

重修昭化縣志卷之三十二

職官志三

教諭

宋李肩吾理宗寶慶中任

明紀絃嘉靖十二年任嘗鋟張南軒先生主一齋銘刋於社學

蔣璽嘉靖中任以邵康節先生人我彼已二箴爲足弭爭競而益德量也鏤板以訓士子蓋教者不以文而以行士習自進於古

毛伯舜

陳詩學萬歷中任

楊聯芳西充舉人天啟中任

高科天啟中任

陳善經崇正五年任

國朝楊廷杰江油貢生順治六年任

劉選閶中貢生順治十年任

何懋賢南部貢生順治十八年任

施成澤簡州歲貢康熙三十年任

周溥富順舉人康熙三十一年任
趙新蘆山拔貢康熙四十四年任以上俱見舊志
夏君藩大足貢生雍正元年任
李旼宜賓舉人乾隆四年任
司維章奉節貢生乾隆十年任
朱衣黙邛州拔貢乾隆二十年任
蒲立德敘永廳貢生乾隆二十二年任
彭萃慶符貢生乾隆二十六年任
侯琰長寧貢生乾隆二十七年任

張維存什仿舉人乾隆二十七年任
余光長壽舉人乾隆三十三年任
曹秉御樂山舉人乾隆三十九年任
羅基兗江油拔貢乾隆五十年任
郭鴻墊江副榜嘉慶四年任
余珩巴縣貢生嘉慶九年任
楊紹時梁山拔貢嘉慶九年任
賈廷謨南充舉人嘉慶十五年任
張鋥壁山拔貢嘉慶十六年任

陳兆颺蒲江舉人嘉慶十九年任
曾邦思梁山舉人嘉慶二十一年
張柱洪雅拔貢嘉慶二十五年任風雅工書升湖
北石首縣知縣
羅金聲營山舉人道光元年任
王正廷榮縣貢生道光三年任
羅文藻蓬州副榜道光三年任十二年裁汰學署
房屋一概撤補訓導衙署

重修昭化縣志卷之三十三

職官志四

訓導

明劉粹慶萬歷中任
郭斌選崇正二年任
高在峯崇正十二年任
李偕春崇正十五年任
國朝李鴻圖通江貢生順治十五年任
李嶷閬中人康熙七年任

陳盤銘筠連人康熙二十一年任

范騫德陽貢生康熙二十七年任

陳大器仁壽歲貢康熙三十九年任以上俱見舊志

郭瑛字孔厚隆昌歲貢任年無考隆昌志曰瑛康熙三十一年歲貢官昭化訓導教人以孝弟爲本其弟早歿撫遺孤授産如己子翕然稱長者

李模郫縣貢生雍正五年任

左國柄蒲江貢生雍正十一年任

謝文照邛州歲貢乾隆七年任

朱繡奉節貢生乾隆十四年任

何佶金堂貢生乾隆十八年任

王日謙隆昌貢生乾隆二十四年任

孟衍鄒中江貢生乾隆二十六年任

羅誠宜賓貢生乾隆二十七年任

何渼蘆山貢生乾隆二十九年任

彭濱隆昌副榜乾隆四十一年任

鄭雲僑瀘州貢生乾隆四十三年任

劉達綿州舉人乾隆四十七年任
葛蘷松潘廳貢生乾隆四十七年任
李成蹊夾江歲貢乾隆四十九年任
范文祚定遠貢生乾隆五十二年任
郭道藩仁壽拔貢乾隆五十九年任
唐德嘉隆昌貢生乾隆五十九年任
劉果茂渠縣貢生乾隆六十年任
陳雲鳳營山舉人嘉慶元年任
張能安仁壽廩生嘉慶四年任
景耀元石泉貢生嘉慶四年任
尹偘一南溪貢生嘉慶六年任
傅子陛温江貢生嘉慶六年任
王運隆温江副榜嘉慶十年任
戴聖典成都貢生嘉慶十一年任
張和鼎巴州貢生嘉慶十六年任
李時中灌縣貢生嘉慶十七年任
呂浩巴州貢生嘉慶二十二年任
梁起祥温江貢生嘉慶二十二年任

龍萬駿成都拔貢道光二年任
文現瑞巴縣舉人道光二年任
劉仕際合州貢生道光五年任
李敦美三台貢生道光五年任
戴大魁綦江舉人道光七年任事繼母至孝訓士
亦以孝弟爲先士之受教者甚衆
余邦璵犍爲貢生道光十一年任
唐調芳樂山貢生道光十三年任
張熙怡金堂貢生道光十七年任
賴人慶華陽貢生道光二十一年任
張孚祖南溪貢生道光二十一年任
鄧雲從新都貢生道光二十四年任
杜宇昕蓬溪舉人道光二十五年任

重修昭化縣志卷之三十四

職官志 五

典史

明馬釗嘉靖中任

焦堂嘉靖中任

張道志萬歷中任

廖文秀崇正中任

國朝毛豐順天宛平人康熙二年任

錢憲浙江人康熙九年任

雷雲鶴陝西人康熙二十年任

李挺山西人康熙三十五年任

袁黼吉山西夏縣人康熙三十九年任

王可樟康熙四十七年任

吴儀康熙五十六年任以上見舊志

顧時芳大興供事雍正二年任

經爾顯直隸未入雍正八年任

高岱江南吏員雍正九年任

楊乾元字德儒號敬齋浙江鄞縣人由禮部儒士

雍正九年授昭化縣尉初抵任有以陋規進者却之曰吾廉俸足用也舉一切弊政悉蠲之每巡查保甲攜食物自隨不欲累民而嚴查匪徒治以重刑匪徒悉遁去乾元性好勤而耐苦乾隆三年奉檄修路與石工露處巉巖不辭艱苦溪澗橋樑必固必周城南蒙梓埡山石陡峻行人有跌仆岩下而死者爲之捐囊修治如砥迄今數十年猶有頌楊尉之德而弗諼者乾元在任十五載上憲嘉乃賢能調華陽尉士民相與攀留而不忍舍也爲之歌曰繡衣之去兮曷其重還我懷如何兮江水澄鮮江水兮萬年我公兮萬年

沈啟淳山陰未入乾隆十一年任

陳遇春山陰未入乾隆十九年任

陳科元石埭未入乾隆二十年任

薛光觀青浦監生乾隆三十二年任

謝錫偕宛平未入乾隆三十二年任

戴元樞大興從九乾隆三十三年任

俞世寅山陰監生乾隆三十四年任

利天定廣東監生乾隆三十五年任
張瑶山陰未入乾隆三十八年任
曹廷凱貴池監生乾隆四十二年任
徐之琅浙江監生乾隆四十六年任
徐觀海會稽未入乾隆四十七年任
羅德嚴大興吏員乾隆五十六年任
王弼東強監生乾隆五十七年任
孫章青陽未入嘉慶四年任
王廷暻泰和從九嘉慶十六年任

胡滎宇貴筑從九嘉慶十七年任
錢樹錦大興未入嘉慶十八年任
孫廷選貴池未入嘉慶十九年任
高蔭穀貴池監生嘉慶十九年任
李楝宛平未入嘉慶二十年任
戴廷珪大興儒士嘉慶二十一年任蒞事精勤勸
捐修路改建天雄關廟宇其路由榆錢樹至七里
坡督工修理寒暑不間創修捕署絲毫不苟又於
倚虹亭外手植柏樹數百株今已成蔭士民立有

去思碑
吳占魁湖北貢生道光二年任
戴嘉祥廬陵從九道光十年任
胡生蓮迪化州未入道光十一年任
駱得祥邢台未入道光十一年任
喻中詰南昌從九道光十五年任
汪謙益錢塘未入道光十六年任
葉鍾泰浙江石門未入道光二十一年任

重修昭化縣志卷之三十五
選舉志一
進士
晉羅從哲葭萌人舉明經爲略陽學博有才敏遷
天水太守
宋裴連景祐甲戌科進士
宋張欽明同上宗丞正寺
宋王詔淳熙中進士明經
宋王一先紹定中明經

舉人

宋伍松青

明趙伯貴洪武丙子舉人歷福建南平知縣陞廣東南雄知府

羅彥才永樂丁酉舉人河南武安知縣

李思誠永樂丁酉舉人雲南大姚知縣

王誠下白水人永樂庚子舉人福建順昌知縣

鄭本三堆壩人永樂癸卯舉人

曹儼下白水人永樂癸卯舉人貴州安順知州〔舊志〕兩科中式者五人有同時五彥坊

曹謙下白水人宣德壬子舉人雲南新平知縣

張踞虎跳驛人宣德乙卯舉人廣西賀縣知縣

吳鳳翥龍灘驛人正統辛酉舉人山東高密縣知縣

吳觀周吳昇之子龍灘人中順天舉人江西玉山縣知縣陞雲南和州府知府

牟光天隍院人成化辛卯舉人浙江長興縣知縣

歷鴻臚寺少卿
郭碧府學生正德壬午舉人江南太和縣知縣陞
山西澤州知州
吳楠吳柏之弟龍灘人嘉靖辛卯舉人河南武安
縣知縣陞陝西秦州知州
國朝張起綵虎跳驛人順治甲午舉人平武教諭
按自趙伯貴至曹謙七人舊志所載科分俱謁今
俱照府志改正自張踞至吳楠六人府志舉人中
並不載其人而舊志皆以為某科舉人再趙伯貴
王誠曹謙府志皆以為保寧府人而舊志俱列入
昭化年遠無徵疑以傳疑可也

重修昭化縣志卷之三十六

選舉志 二

貢生

明吳應文拔貢

羅一鳳嘉靖元年恩貢岳池教諭按富水洞碑但稱邑人而舊志云然未知何據

任宏毅隆慶歲貢以孝行聞

吳柏嘉靖拔貢江西分宜知縣雲南臨安同知

王炎歲貢萬縣訓導

商佳徵萬歷歲貢通判

李時用萬歷拔貢雲南蒙自知縣

廖珊萬歷歲貢訓導

蕭應先歲貢訓導

李時芳歲貢河南内鄉知縣

吳保禧天啟丙子壬午兩科副貢

朱瑄歲貢訓導

楊允孟拔貢浙江寧波府通判

李時化歲貢知縣歷山東青州府同知

吳國光拔貢鹽亭教諭陞國子監博士
賈玉鉉拔貢江西龍泉知縣
趙繼美歲貢訓導
梁鴻歲貢訓導
商祚天啟恩貢廣東翁源知縣
楊光鼎崇正元年恩貢湖南永興知縣
國朝張宗樞順治初恩貢
張大用順治甲午拔貢
吳保民歲貢以孝行聞
楊步雲歲貢
黎貫甲歲貢
杜繼芳歲貢
張應奎歲貢由成都訓導陞忠州學正
李品佳歲貢劍州教諭
謝懋官歲貢
苟翰俊字簡在康熙二十一年歲貢永寧訓導預
修邑志
吳珍奇字苞符康熙二十五年歲貢中江訓導纂

輯昭化全志二卷至康熙五十一年止殫二十二年之功年七十六猶搜訂不輟甫脫藁而卒有與優者言一篇稍加點竄著之於篇亦足以見其品矣余少爲父師所拘毋許觀戲長而多勞又不暇觀戲間從友人觀之亦第目之爲戲而已歲在丁亥觀戲於中江署而神忽有所悟也爰呼優者而告之曰爾亦知戲乎上古音樂之奏象德報功尚矣自夏桀求俳優以自娛而春秋間遂有優梅優施優孟等抵掌人主之前今梨園子弟殆自唐明

皇始也淫哇之聲足以快心志悅耳目而其發之爲聲著之爲容也文之所至情亦至焉情至而神亦至焉服物采章示有儀也旌旗劍戟示有威也管絃簫鼓示有聲也塗朱抹粉示有象也貴賤尊卑示有倫也戲也而進於道矣且夫摹古人之情事者未嘗不寓勸懲之微文也彼夫僕隸之中不無豪俠冠裳之內儘有豺狼讒言進而正直招尤黨援成而奸邪肆惡受降受虜烈士苦於時窮就戮就刑英雄屬於命蹇此可爲廢焉長太息者而

卒之造物保其忠孝幽明速其報施賊子膽落而仁人氣吐也利欲之私甚雖骨肉亦動殺心疾妬之念深將恩愛轉爲禍偏或以美好而敗人家國或以珠玉而喪己身名其盛衰得失之鑑成敗利鈍之機豈不足以振聾而起聵也哉嗟乎天地一大戲場也富貴功名一時搬演煞鼓收場作如是觀子現局中之身而余放局外之眼今日之搬演不可謂之假余爲局中之仕宦而子爲局外之衣冠今日之歡會又可謂之眞耶然則以戲爲道猶是前言之戲也優者不悟逡巡而去而余亦倦於觀矣

楊之真康熙二十九年歲貢
張敬修康熙三十一年歲貢
王昌運康熙三十三年歲貢
王琦康熙三十五年歲貢
羅登甲康熙三十七年歲貢
董繼昌康熙三十九年歲貢
王維楫康熙四十一年歲貢

張綸康熙四十七年貢巴縣訓導居鄉時杜加徵之累除免戸之弊邑人德之
董繼昭康熙四十九年歲貢名山縣訓導
王維梡康熙五十年恩貢射洪縣教諭自吴應文以下俱依舊志録之
董繼遵康熙五十九年歲貢越雟衛訓導
董三畏雍正癸卯拔貢
張敏雍正元年恩貢
趙天錫雍正二年歲貢

羅在廷雍正四年歲貢
郭永宜雍正六年歲貢安岳縣訓導
劉曰明雍正戊申拔貢
雙理雍正八年歲貢
張建密雍正十年歲貢
雙璧雍正十二年歲貢
徐純臣字元一乾隆元年恩貢
梁代唐乾隆元年歲貢綿竹縣訓導
何儼乾隆九年歲貢綿竹縣訓導

王枚乾隆十一年歲貢名山縣訓導
董三益乾隆十三年歲貢
張謖乾隆十五年恩貢
李瓊乾隆十五年歲貢
張學魯乾隆十七年恩貢
徐藎臣乾隆十七年歲貢
張學孔乾隆癸酉拔貢巴縣教諭
徐文煜乾隆十九年歲貢萬縣訓導
張師齡乾隆二十一年歲貢

王煋乾隆二十三年歲貢
楊珩乾隆二十五年歲貢
吳桂乾隆二十七年恩貢
丁思齊乾隆二十七年歲貢
張照乾隆二十九年歲貢
楊春元乾隆三十一年歲貢
董三芝字茹商乾隆三十三年歲貢精舉子業善
誘掖人所從遊皆知名士
張天德乾隆三十五年歲貢

楊時在乾隆三十七年恩貢
馮世蔚乾隆三十七年歲貢
李鳳翔乾隆三十九年歲貢
梁朝挺乾隆四十一年歲貢
張鵬程乾隆丁酉年拔貢任浙江湖州府歸安縣
縣丞署歸安縣事有惠政民懷其德
文廣涵乾隆四十三年歲貢
羅慎修乾隆四十五年恩貢
羅琳乾隆四十五年歲貢

董照乾隆四十七年歲貢
吳日乂乾隆四十九年歲貢銓授平武縣訓導未
之任故
董三近乾隆五十年恩貢
朱經訓乾隆五十一年歲貢宜賓縣訓導
仲以貞乾隆五十三年歲貢
王萬年乾隆五十五年恩貢學優品粹喜讀書八
十餘猶披吟不輟
羅修靜乾隆五十五年歲貢

王經培乾隆五十七年歲貢志潔行芳善誘後進
銓開縣訓導未之任故
謝學海乾隆五十九年歲貢
雙呈祺嘉慶元年恩貢
趙璵慶嘉慶元年歲貢
劉俊嘉慶三年歲貢
張謙若嘉慶五年恩貢
王文化嘉慶五年歲貢
馬中和嘉慶辛酉年拔貢孝友端方心存濟物逵
近從學者甚衆殆隱君子也牛雪橋爲之立傳

馬致齋先生傳　通渭　牛樹梅

公姓馬諱中和致齋其號先世陝西蒲城縣彰堡村人乾隆初年父諱文龍字子異貿易來昭遂家焉母王氏以乾隆二十五年庚辰十月十三日生公丁酉入庠丁未食餼嘉慶辛酉擢拔萃科少性魯篤志方學能文章善詩尤留心正學以古人自期待家素寒父早逝事母至孝每黎明買糟酒煮卵奉至床前待披衣坐食復就寢然後入塾寒暑

不懈賣糟酒者亦感其孝至必叩門無失時壬戌廷試報罷或勸之留都中謂五六年間可博一官公以母老故決計歸里筆耕以養嘉慶壬申歲大荒饑死甚衆父子不相顧公食指殷繁亦朝不謀夕有胞姊其子外出無依接養家中子竟不返二十餘年久敬如初凡衣衾棺槨之屬無不備焉公之設教邑中也遠近來學者日益衆功課畢必集多士侍坐訓以孝弟爲先讀書立品爲重故出其門者多循循醇謹有安定弟子風帶江張明府柱

題其堂曰嘉陵師表識者謂非溢美云性剛方不苟隨俗人有嘲爲棹子先生者公聞之竊自喜語其子瓖曰吾願爾處世亦爲其方毋爲其圓蓋方則不踰乎矩而背理者鮮圓非聖賢不能學問未到見識未深恐有陷於不義者嘗主講龍門書院或忌而擠之相愛者恐其來歲失館也勸令密圖公正色曰余雖貧枉道求合生平所不屑也邑中有分財不平者質於公或陰許百金令袒己公拒弗從見有紛爭者公爲規正其失爭者逞醉遷怒

口出不遜語門下士憤欲執毆公力阻其人次日愧悔來謝仍善言遣之而去居平偃室非公不至而事關地方利弊有得言者輒以身任自壬申後癸酉甲戌頻年饑饉市有賣石麵餅者公懷其一以見縣令力請發倉活人甚衆有詩云樹皮食盡石爲糧不爲延生只飽腸敬告牧民慈父母將何活計救災荒是時民間估借估賣成風不遂者輒以自縊嫁害有力者破產支應無力者亦以死抵公具禀請懇切曉諭禁止輕生縣令嘉其賢亟從之風爲頓息道光甲申夏大旱家中被盜親友弔之公但憂天旱全不以失物介意人笑其迂公曰失物一家事耳烏可與天災比哉家計窘迫時以文墨自慰詠懷詩有云一息尚存難自懈老當益壯窮益堅又曰品效自圭常慮玷心同止水不浮埃蓋皆自道其所學也公以道光壬辰閏九月初七日終易簀時舉家環泣公曰吾今年七十有三不可謂不壽全受全歸夫復何憾但願汝等存好心行好事吾含笑去矣語畢而逝後有相傳公爲

保寧府屬縣城隍者語雖荒渺而不妨並記以見公之正直云公配王氏生子六長玉堂庠生次玉珂玉珩次玉瓌廩生次玉田玉寶女一適姜氏孫八曾孫三

王迺鑌嘉慶七年歲貢

楊祖德嘉慶九年歲貢學優品端善誘人後進多出其門邑令孫文起贈以詩曰四尉三公世澤遥美君人品重熙朝葭萌小子知多少共說先生雨露膏可以想其槪矣

吳樑嘉慶十一年歲貢事孀母以孝聞

王作棟嘉慶十三年歲貢

薛映梅嘉慶十五年恩貢

劉書秀嘉慶十五年歲貢

郭連城嘉慶十七年歲貢

徐用章嘉慶癸酉年拔貢

楊搢嘉慶十九年歲貢

尹紹泰字大來嘉慶二十一年歲貢道光二十三年任綿竹縣訓導

羅煥文嘉慶二十三年歲貢
郭運升嘉慶二十五年恩貢
董泰嘉慶二十五年恩貢
王懷德道光二年恩貢
龔相漢道光二年歲貢
李建中道光四年歲貢
徐沅道光乙酉拔貢
張登選道光六年歲貢
王廷敏道光八年歲貢
曹學洙道光十年歲貢
傅汝霖道光十二年歲貢
王一元道光十四年歲貢
梁任重道光十六年恩貢
張占魁道光十六年歲貢
王履乾道光丁酉科拔貢
張應標道光十八年歲貢
胡兆祥道光二十年歲貢
王履恒道光二十二年歲貢

吳濟道光二十二年保寧府歲貢
胡晬然道光二十四年歲貢
王丕成道光二十六年歲貢

重修昭化縣志卷之三十七

選舉志三

吏監

明申克敬監生洪武時爲江南青陽知縣行取户部員外郎歷河南右布政使才能卓練官績著聞

國朝張世恭吏員乾隆三年山西潞村驛丞

胡緯吏員乾隆十六年山西蒲縣典史

張與正監生乾隆十七年山西垣曲縣横背領巡檢調歸化城巡檢

曹銳吏員乾隆二十一年陜西渭南縣典史丁艱
起復選浙江瑞安縣典史
曹思學監生乾隆三十八年直隸蠡縣典史
張憲齡廩貢署墊江訓導篤行力學刻有松崖詩
集
張國鈞廩貢署華陽南江等縣教諭
監生高毓鼎於咸豐十年選雲南大理府浪穹縣
典史因親老有疾暫告終養回籍奉親

重修昭化縣志卷之三十八

選舉志四

武科

明吳元鼎天啟間武舉

國朝吳應熊康熙壬戌補行辛酉科武舉
董繼舒字正誼邑之士基壩人舉康熙甲子武榜
丁丑成進士己卯選常州營中軍守備繼舒雖職
專城尤留心民事請禁糧米出境請修葺城垣見
碩畫焉嘗奉委監兌武進無錫二縣糧米力陳六

弊曰私耗也折色也攙和也需索也倉差也積蠹也其言切至各上憲稱之曰能有戴文卿者無錫豪棍也往往引線上盜坐地分贓其戚屬周二以盜犯越獄復資之腰纏以行繼舒廉獲送縣縣令以爲無辜將貸釋之繼舒卒請寘之法在任十有四年凡四署遊篆兩攝左右軍康熙壬辰推陞貴州安南營守備以陞銜留任又二載致歸九日途次陝州道中有詩曰寥落行蹤未有涯愁添九日倍思家對花空自慚彭澤落帽無端笑孟嘉劍閣

雲深秋欲暮鄜筒酒熟路還賒生平不減東籬興歸得林泉學種花其梗概如此刻有非分集一編備載條陳各事宜以蘭署存詩二十九首附焉蓋自以越俎代庖爲謙詞也而荼山楊大鶴極賞之且爲之序曰董君少年掇巍科釋巾司馬門來守吾郡其事權之所不得專而能托諸言以請於上官清盜源講荒政剔漕弊急城工諸大事無不明練愷摯條分縷析自然成文是政事也而文章寓焉矣咏荆溪十景如繪又當與周馬唱和集並垂

藝苑也噫其古者儒將之風與

岳騫康熙甲子科武舉通志云岳謙

崔俊乾隆壬午武舉淮安衛守備

陳近仁乾隆庚子武舉

崔寶符乾隆己酉科武舉長進衛千總

常金板石堡人現任大昌營千總

蔣玉龍曲回壩人現任萬全營守備

重修昭化縣志

第六冊

卷之三十九人物志　忠義
卷之四十人物志　孝友
卷之四十一人物志　行誼
卷之四十二人物志　隱逸
卷之四十三人物志　義夫
卷之四十四人物志　列女
卷之四十五人物志　仙釋
卷之四十六人物志　流寓
卷之四十七紀事志　紀事
卷之四十八雜類志　紀聞
卷之四十九雜類志　祥異

重修昭化縣志卷之三十九

人物志

忠義

魏沓龍超晉壽人性尙義陝少爲鄉里所重永熙中梁將樊文熾來寇益州刺史傅敬和孤城固守龍超每出戰輒破之時攻圍既久糧矢盡刺史遣龍超夜出請援于漢中遂爲文熾所得許以封爵使告城中曰外無援軍宜早降遂置龍超于攻樓龍超乃告刺史曰援軍數萬近在大寨文熾怒火炙殺之至死辭氣不撓大統二年詔贈龍驤將軍巴州刺史

唐雷萬春馬鳴閣獵戶與張巡守睢陽被害其兄晦青雙瞽善音爲明皇樂工安祿山支解之按二人唐書不云何處人詢之土人謂昭劍一帶人姑附之

宋楊巨源字子淵其先成都人父信臣客益昌因焉巨源倜儻有大志善騎射涉獵諸書劉光祖之爲鳳州原倉官傾財養士沿邊忠義咸服其

監興州合江贍軍倉吳曦叛巨源陰有討賊志結義士三百人給其錢糧曦統領張林能挽兩石弓隊將來邦寧勇力過人屢戰有功曦不加賞林等憾之巨源因相締結幷集忠義朱福等曦會安丙爲長史丙稱疾眷士程夢錫見丙丙歎曰世事如此世無豪傑夢錫因言巨源之謀丙乃囑夢錫以書致巨源延之卧所巨源曰先生而爲逆賊長史耶丙哭曰目前兵將我所知不能奮起必得豪傑乃滅此賊則丙無復憂巨源曰先生之意決乎

丙誓曰若誅此賊雖死何恨巨源喜曰非先生不足以主此事非巨源不足以了此事當是時李好義亦結李貴李坤辰凡數十人坤辰邀巨源與好義會巨源曰吾與安長史議三月六日邀曦謁廟刺之好義曰彼出則從衛且千人事難濟聞熟食日祭東園圖之此其時也巨源然之巨源好義憂事寖泄遂以二月乙亥未明好義率其徒入僞宮巨源持詔乘馬自稱奉使入內曦啟戶欲逸李貴執殺之衛者聞有詔皆卻巨源迎丙以曦首徇三

軍推丙權宣撫使巨源權參贊軍事丙奏功以巨源第一詔補承事郎巨源謂丙曰曦死賊膽已破關外四州爲蜀要害宜乘勢復取 好義亦以爲言於是分遣好義等復西和州成州階州散關俄詔巨源轉朝奉郎通判兼宣撫使司 參議官先是獎論誅叛詔書至巨源謂人曰詔命 一字不及巨源疑有以蔽其功者俄報王喜授節度使巨源不平以啟謝丙曰飛矢以下聊城深慕魯仲連之高誼解印而去彭澤庶幾陶靖節之清 風或言巨源與

其徒車彥威等謀爲亂丙命喜鞠 之彥威皆抵罪陳安復告巨源結死士入關欲俟丙出則殺之丙積前事因欲去巨源會巨源在鳳州以檄書遺金鳳翔都統蓋離間之者自稱宣撫副使金以檄至丙巨源方與金戰丙遣書召巨源 巨源疑焉主簿高岳成贊其歸六月巨源還幕府丙密令收巨源巨源呼曰我何罪丙隔屏遣人謂之曰若爲詐稱宣撫副使命械送閬州獄巨源曰 我一時用閒異時必有爲我明其事丙餉以肴酒 巨源曰一身無

愧死且無憾惟有妹未嫁宣撫念之亘源舟抵大安龍尾灘左右遽取利刀斷其頭不絕者踰寸遂以亘源自殪聞丙命瘞之亘源死忠義之士爲之扼腕聞者流涕劍外士人張伯威爲文以弔其辭尤悲切李壁在政府聞之曰嘻亘源死矣丙以人情洶洶封章求免楊輔亦謂丙殺亘源必召變請以劉甲代之成忠郎李珙獻所作亘源傳爲之訟寃朝廷亦念其功賜廟褒忠贈寶謨閣待制官其二子制置使崔與之請官給其葬加贈寶謨閣直學士大中大夫嘉熙元年理宗賜諡忠愍

元王文佐成宗大德六年進士翰林承旨入鄉賢祠

明吳國輔以府學廩生襲龍潭驛百戶神宗二十七年隨總兵吳廣征楊應龍有功陞利州衛指揮歷沙河遊擊天啟元年隨巡撫朱燮元征奢崇明陞松潘僉事崇正二年與商洛道劉應遇追賊于洛陽十戰皆捷抵大石川斬賊首五百級御史黨崇雅疏薦於朝曰蜀將吳國輔老於兵法熟諳敵

情閲歷則西南之險隘盡在目中應援則東北之
流寇漸驅境外堪爲大帥足寄干城陞都督府同
知七年賊破鳳陽將由豫入蜀國輔與遊擊李旺
扼之十年卒於軍贈榮祿大夫謚英略
李旺龍潭驛人以守備與吳國輔禦賊功授遊擊
熊萬伸川北鎮左營戰兵隨征邪匪奮力擒渠以
功

賞戴

嘉慶八年在達縣東鄉一帶搜捕餘逆擊賊陣
内奉

照把總陣亡例議䘏蔭如例子廣盛襲雲騎尉現
任巴州守備
李柏林捐戢從九品嘉慶五年賊目苟文明等犯
境柏林挺刃格鬭力屈被戕同時被害者武庠吳
金榜邑民張登賢俱經詳報入祀昭忠祠
丁正業邑天中里天皇堡人身爲團丁咸豐十一
年逆匪鄧統領犯蒼庄平武州判董錫嘏與邑廩
生王大德督領團勇勦賊正業偕徐崇友等數百
人以炮打賊炮壞而正業身死崇友重傷猶督衆

不退賊知有備不敢前進蕎庄得以保全實二人力也

四川提督蔣公 諱 玉龍邑曲回壩人由幼丁投川北軍屢從軍門桂公出師征夷黃勝關則曲靖生擒西口外則銀哇進抜以至越嶲寗蠻匪峩邊破猓夷臨敵敢死奮勇爭先時已赴授川北鎮標左營外委越三年陞太平營左哨把總歷任川北鎮中營千總成都城守 右營守備道光二十玖年辦野番以功賞換花翎陞阜和右營都司旋委署提標右營游擊又改署峩邊參將咸豐之年勦屏山夷匪接署新城都司印隨卽赴靖遠游擊四年檄赴巫山防湖北賊因貴州賊楊隆喜作亂改防合 江瀘州與貴州交界處嗣奉札以防爲勦進兵破楊隆喜復仁褱諸失城黔省賊平奉 上諭着赴叅將旣又奉 旨免赴叅將以副將留川卽赴弁賞給饒勇巴圖魯號署提標中軍叅將推陞綏甯恊副將奉檄統兵赴酉陽一帶防堵辦理肅清六年奉黔撫檄赴黔會勦著有軍功奉 旨赴

授四川川北鎮總兵旣以破苗功紀錄三次代貴州提督佟攀梅鈌九年護貴州巡撫海奏以威令不行革職摘去花翎留營効力八月着回川辦團錬督川兵勦辦李逆賞三品頂戴李逆敗竄追勦抵新津扼守川門奉 旨賞二品頂戴署四川提督即移師赴青神圍勦李逆賊攖城固守公所統勇營被焚賊乘亂逸出公自請嚴叅 上諭着留提督任同治二年會勦石達開於重慶出省日已抱氣促疾抵渝後日夜籌畫疾大作于三月二十六日卒千軍奉 旨賜祭予謚勇果蔭一子與六品銜

重修昭化縣志卷之四十

人物志二

孝友

漢廉范字叔度長安人父死於蜀范年十四徒步迎父喪渡白水津關舟破范抱柩俱溺衆救得免水經注白水有津關廉叔度抱父柩自沉處也

宋牟繼美上白水人舊志淳化間舉明經事親至孝其母患目失明刮指血與乳汁和藥點之又朝夕以舌舐之母目復明已而父痛醫不可爲矣繼美泣侍床側忽聞羮股可療者乃割左股煎湯以進而父霍然起

明羅俊才事母余氏至孝母病羮股肉以進而母痊崇正間廩生吳保民亦羮股肉進母而愈具載舊志乾隆五十年虎跳民張應調年十五歲其父思賢自劍州病疫歸應調亦薦股羮以進

伍世昌白水人舊志世昌母楊氏膺鄢藍之難歎曰吾以婦人而避難叢薄間使男女無别辱甚不如死也遂自縊世昌負母屍葬畢廬墓朝夕哀毀

七日水漿不入口卒於墓側
任宏毅萬歷間歲貢爲里塾師主人餽以羹饌輒
不下箸怪問之泫然曰父母在堂爲人子者食不
甘味主人曰何不遺以奉之毅即拜領歸其他孝
行類此
楊君俸天啟廩生父病焚香祝天願以身代
按任楊二人府志不載以無事實可徵故也然俱
列祠中姑存之
國朝貫玗邑庠生其父玉鉉仕爲江西龍泉令崇正十
五年大疫母與兄嫂染之侍藥餌者二十日兄嫂
兩亡殯葬既畢奉母避流賊於山中掘蔬以供母
亦物故玗哀毀骨立瀕死者數次而兵戈阻絶其
父音問不通十有五年康熙六年始知父卒於任
值土寇搶掠道路荒殘玗徒步奔喪沿途乞食扶
櫬歸鄉里
王杏舒邑貢生天性孝友好善樂施邑人舉孝友
建坊入祠
王公孝友傳　　廣濟　吴占春

王公杏舒字文壇附貢生其先籍隸陝西醴泉祖
際昌公雍正初年來川之昭化遂家焉好善樂施
邑人士仰其德望舉以鄉飲大賓行誼載通省人
物志父占吉公廩貢生性慈惠繼述先志陰行善
事行誼載邑乘暨保寧郡志中年遘疾困頓床席
公時年十七補博士弟子員諸弟尚幼委曲事奉
三年如一日十九遭父喪痛毀備至以祖母故遵
母訓節哀順變遂以事父母之心事其祖母奉兩
世萱闈人以孝稱祖母歿以長孫承重盡哀盡禮
後事母先意承志如事祖母然胞弟三仲映蟾叔
慶三季鳳來公委婉教導俱入泮食餼作貢姊妹
四咸配名門人見公待弟真摯始終無疾言遽色
問其故公愀然曰余父寢終時諸弟幼弱依依母
側罔知適從憶向之邀愛于父者弟今無望忍不
以父之愛我者愛弟乎環顧諸弟方痛念之不暇
尚何疾言遽色之有問者歎服公以晨昏定省爲
已責故不獲卒舉子業乃援例入貢從未一時離
母側母年七十四病瘧時公患疽備極痛楚晝夜

嘗侍湯藥隱忍不敢呻吟戒諸弟并家人勿令母知蓋恐母聞傷慘也母歿哀號失措幾不欲生既葬廬於墓側風雨不改事死如生諸弟體公孝不忍公獨苦咸往隨之閱六月疽潰自知不起諸弟子姪輩勸公歸遂終於室其時爲公哭失聲者遍里巷先公祖母有外孫張瓊者廣元人家貧不能讀祖母欲成立之而未有言公察其意即招至俾與諸弟共寢食循循訓誨數年遂以文雄一鄉中乾隆乙卯鄉試是時稱公孝者並善公啟迪公好施予急人之急遇婚嫁祭葬無力者竭貲助之歲飢施粥米日費多金不少吝里中貧不舉火者多賴存活遠人聞公名過昭必請見公察其資用乏絕必助車馬並不俟匱乏者告故時人之愛慕如此聖宮傾圮輸恍捐修規模一變邑天雄關道極險行人苦之捐貲闢爲坦途他如葺橋梁修祠宇種種善事皆欣然出多金成之不署名蓋欲紹乃祖乃父好善樂施陰行善事之心初無意邀譽於鄉黨朋友也是公非特孝可傳友可法其慷慨好

義又有獨高千古者易簀時以咫尺天可畏方寸地宜耕兩言諄諄遺訓則公之處心亦大槪可見矣至口體之奉不敢耗萬物之力傷天地之和惜福於豪曠之間又人情之所難及者鄉先生重公品採入輶軒舉公孝友奉
旨建坊崇祀鄉賢祠洵不愧矣子五人履泰廪貢生履恒廪生餘俱援例授職孫亦邑庠姪十餘人俱入泮食餼選拔成均迄今生齒至八十餘口五世同堂內外無間非公盛德何以至此傳公者述其原而遺其委非特失公之眞且慮無以爲好善樂施者勸也論曰世之席豐履厚者多恡其財將以爲子孫計詎知財公物也愈散乃愈集乎然非孝弟之人必不能體盈虛消長之意以不留餘者爲子孫留也公以孝弟之心行慷慨之事物我胥忘矣後之子孫坐享厚福不由是歟若謂天之報施善人宜如斯焉是與下等人說因果耳

吳培愿邑廪生家綦貧事母盡孝終身如一日邑人公舉孝行建坊入祠

吴孝子傳

廣濟 吴占春

吴公培愿一名天桂字德三蜀昭化廪生也甫及歲父崇廉公遽逝家綦貧母李氏年二十餘守志茹荼嘗膽撫育備至公弱齡卽有至性人與以食物不肯嘗必袖歸或問焉曰以遺母耳衆咸奇之及稍長以窘故析薪易甘旨奉母母勉以讀書戒勿復爾公且薪且讀寒暑不輟母不知也一日客至母覓公不得囓其指公忽心痛棄薪歸母詰何往公直告母曰讀書之道非細心不能覓理爾日在學中日在學外何時成立祖宗世代書香爾父早逝未遂厥志爾不克光先業徒以我口腹故累爾功名大事是虚我茹苦之心使爾父抱恨九原也公涕泣跪受命客聞之歎服去自後於居室傍設館訓蒙已甘藜藿奉母必粱肉補邑庠旋食餼有文名遠近爭延之時境外有以重金來聘者公以遠辭母囑就之旣以思母故數月卽棄館歸諸生畱之公曰得俸錢以奉母耳今遠離膝下飲食弗躬親奚取此俸錢乎衆見公意決重公孝以全

金與之公祇取半蓋恐以過分者傷廉也既返仍
就近館以奉母母善積以所餘館金權子母家小
裕公遂依依膝下不復教讀矣鄉先生知公孝憫
公貧又憐母之苦心貞志遂爲母請坊旌表母時
年八十撫膺歎曰當兒父棄世時我欲自盡者屢
矣徒以爾故延餘息冀爾接紹書香不墜先志初
不敢妄希
國恩也衆君子重爾品行憐我苦節以襄盛舉今而
後可告無忝於爾父矣衆聞母言服母得大體愈
知公之克家有自也母歿後公哀毁幾不欲生既
葬每過墓必泣春秋祭祀必攜子濟痛哭而返始
終如一日邑志於母行誼下書曰其子培愿以孝
聞洵不誣也嘉慶初教匪不靖昭化戒嚴公業師
王君惠僻處城隅年逾八十聞賊警驚悸成疾偃
息在床公聞之迎入城中親侍湯藥捧溺器日夜
不懈如是年餘人問之曰我以事親者事師安知
勞瘁賊平師疾亦愈至今傳爲美談此公仁孝之
心所充周靡窮者也居恒喜誦陰隲文遇上等人

說忠孝中等人說因果桀傲難馴者則告以報應時人聞其緒論無不書紳自儆鄉有忿爭事得公言輒解并有望廬而返者有見公不敢直質其事者則公之端方正直令人敬畏又如此子濟亦稟生文章孝行能繼公志他日光大門閭又可量乎孝子必有後其信然矣

姚福寧陝西臨潼縣人自幼父亡奉母党氏來昭住東門內家貧事母孝嘉慶十年母病焚香祈禱虆股肉以進母病旋愈

高懷仁庠生性孝友父早故母劉氏病危生割肱肉以進母竟愈生應試未錄兄不悦長跪請罪因發憤讀二十餘入泮家寒教學事母兄終身如一

重修昭化縣志卷之四十一

人物志 三

行誼

唐林茂秀益昌人舊志王建反兵無檢束肆掠婦女於鄉茂秀出見其將王宗侃以家蓄犒師贖回

明方大昌舊志嘉靖七年瘟疫傳染秦民逃荒者數千家染之輒途死大昌爲之掩骼而别出粟以濟荒民之未染者全活甚衆

國朝李天年龍潭驛旗戸也舊志順治三年全蜀大饑升米賣銀三錢人民相食自順慶潼川嘉定等處男女攜負而來者日以數千計或饑病欲斃行走不前輒死東關桔柏渡之間積骼如邱天年爲之貰棺瘞於義塚並出黄豆百石粟米百石親煮粥以賑未死之民所全活以千百計邑令高培元推奬之

王允升邑廪貢生其父克隆以好善樂施聞允升克繼父志歲捐棺以濟人之貧無葬者或賻以金視其遠邇親疏爲差等乾隆十三年歲饑取親友

故券焚之曰俾其盡力以謀家也念周賑無力日磨麵數百觔減價市之來者日益衆益不倦明年麥熟贈各流民金使歸鄉里邑紳爲予言爾時待舉火者二十餘家代爲完嫁娶者數家無德色焉噫其積德也厚矣

尹之訓邑武生喜施予各廟宇倡建居多李太初修縣志躬任採訪並捐貲助修亦好義人也

徐可久戶吏也雍正六年奉文丈田可久司其事丈後報糧數若干官少之屢受斥責可久執不稍加卒如其數報之至今六里百姓不受重賦之累皆可久力也生六子貢者四人孫文煜亦以歲貢任萬縣訓導人以爲積德之報

羅枚考職從九家頗裕買山一區多雜木任民採取不禁嘉慶十八九年歲大荒饑民賴此治生者不少年九十無疾而終歿時囑其子孫凡欠債無力者毋得追討後人遵之可謂富而好義者矣

王悅仁文生白田壩人好施予鄰近貧困者必周之每臘底擇村中貧者加倍周之歲以爲常村多

旱田獨力開堰與衆公用年八十而終子孫繁盛
衣冠不絶
王秉乾吏員三堆壩人生平好善鄉里貧不能殮
者施以棺無所葬者施以地嘉慶二十五年修土
龍橋一座費銀二百餘道光七年修壽星橋一座
費銀四百餘人利其便壽逾八十將終命其子取
券中貧不能償者盡焚之前郡守劉旌其門曰惠
周鄉閭
王桂舒廩貢考取謄錄以訓導用因母老願終養
性仁厚好施濟嘉慶十九年歲荒官施粥畢生繼
施三日以濟三四千人之飢後保寧府劉旌其門
曰惠濟鄉鄰
楊永熙花朝里人多隱德現年百歲子二人長子
年七十三歲次子年六十二歲孫五人維春居五
文庠生曾孫九人元孫五人五世一堂又永熙同
胞四人伊居長諸弟皆其撫成迄今同爨一門百
餘人恂恂謹飭耕讀爲業無爲非者皆伊敎導之
力洵

熙朝人瑞也現已照例詳請旌表

重修昭化縣志卷之四十二

人物志 四

隱逸

漢杜冑葭萌人舉孝廉不仕（舊通志）作廣元人

宋張求昭化人善卜筮唐庚贈詩云張求一老兵著帽如破斗賣卜益昌市性命寄杯酒騎馬好事人金錢投甕牖一語不假借意自有臧否雞肋乃安拳未省怕嗔毆坐此益寒酸餓理將入口未死且强項那暇顧炙手士節久凋喪舐痔甜不嘔求豈知道者議論無所苟吾寧從之遊聊以激衰朽

張爵字從菴嘉靖間世襲百戶居仙人峯下自號仙峯道人棄職棲隱朝陽洞爲煉修之術因鐫道人像於石自題其碑陰曰惟昔聖賢抱真體元神通至妙意注清淵津液腠理筋骨致堅衆邪闢除正氣綿綿累積長久變化欲仙元之又元無欲自然虛中靜守道在目前蓋自道其所得也邑貢生張憲齡曰吾祖也舊有詩集二卷今無存者齡嘗記寫懷二絶曰歸隱清風一葉舟五湖烟月任遨

遊但將酩酊忘身累不記人間春與秋虹作絲綸
月作鈎天星爲餌斗爲舟雲裳製就脫蓑笠釣取
銀河一片秋
余崇化天啟間庠生也與其弟崇仁隱居明水洞
日誦周易不輟自嘆曰堯舜在上下有巢許吾固
不敢希蹤往哲亦各適其志耳時有羅文升者亦
高尚相與爲友時人稱之三賢按舊志稱羅太清
太極兄弟明末隱深山掘蔬自給羅大經值吳逆
之難隱明水洞但無可表見姑附此

重修昭化縣志卷之四十三

人物志五

義夫

雷興儒年十七娶妻吳氏至二十四歲而妻歿遺
二子養健養益守義不變誓不續絃以訓蒙爲業
孫襄舉附貢生鄉里咸稱其義以爲品行端方之
報

重修昭化縣志卷之四十四

人物志六

列女

明吳氏龍潭驛百戶女也適庠生李明揚夫卒氏年三十有三姑七十而子雙瞽家且貧甚氏以女紅佐之姑喪盡禮瞽子亦爲之婚娶以承宗祧奉旌表

羅氏適生員陶順徵爲妻年二十六歲夫卒遺孤性天甫六歲氏守節而訓之家矩最嚴男僕不入女婢不出雖親鄰亦莫識其面舊有婦節母慈旌坊今毀

楊氏適生員賈天祿正德年間賊廖麻子陷昭化氏夫婦爲賊所虜而天祿遇害氏抱屍痛哭血漬衣襟賊拉氏欲污之氏罵曰吾儒家婦也豈從賊奴奪賊刀自刎死

梅氏利州衛指揮之女適龍潭驛百戶吳鑑鑑卒氏年三十二守節訓子並於本宗之貧乏者力周濟之其子赴京乞襲父職適吏部有同鄉趙炳然

者併爲之請旌氏節誥封旌表同時榮顯
楊氏廩生羅希玉妻夫早喪有老母年七十矣氏爲姑守節以孝聞請旌
朱氏天啟中增生羅紹尹之妻也夫卒守節奉姑縣令旌其門曰苦節全孝〔通志〕李氏
李氏萬歷間廩生吳國彥之妻方二十四歲而夫卒撫遺孤保禧嚴訓之兩中副榜氏年九十六以壽終旌曰節壽
牟氏年十五而母孀崇正十四年許字晏爾鼎而爾鼎以貧故役成都且久相傳其死也別受廣元參將某之聘得百金諸戚鄰咸相慶曰行爲官人妻矣氏聞之涕泣欲自縊適爾鼎歸氏陰囑婢請於爾鼎曰願一言而死爾鼎來氏梳粧出拜成婚越三載流賊蹂躪昭廣間氏恐被污抱孩投江而死
李氏二女俱邑紳李時彥之孫女也一爲生員賈昌允之母一爲廩生任如尹之母崇正十七年避流賊於五顆堆爲賊所虜誓不受污相率投崖下

而死按此崖高五十餘丈父老傳聞時見有二少婦隱見於崖畔以爲妖也嗣道光庚子邑庠仲遇時閱志書始悉其事刻石賦詩名其處曰烈婦崖

國朝劉氏吳琮之母也崇正十年夫卒氏年三十五歲守節教子身經刀兵凶荒者三十年堅志不渝順治七年卒壽八十矣縣令劉見龍表其節

王氏諸生羅開禧之母年二十四而夫歿二子方在襁褓間適值獻賊之亂氏負子避居深山而嚴訓之二子俱成名

劉氏歸邑諸生梁之佑而之佑以應試卒於郡城氏年方三十家窶甚勉力歸櫬矢志不渝事翁姑以孝聞

張氏年二十四而寡勤紡績爲生子珩列諸生

李氏百戶李春生之女適儒童吳崇廉年二十而崇廉卒生子培愿方三月氏業鍼黹侍孀姑者數十年每誡其子曰詩書吾家故物毋以貧故廢也培愿跪受教培愿善事其母以孝聞家窶甚必爲母具酒肉必精且潔弱冠授諸生高第食廩傷母

節之未顯也號泣走丐於邑人士邑人士感且憐
以李氏節聞於縣次第報部旌其門
董氏年十九歸生員王維敬生子建極而維敬卒
繼姑欲奪其志氏跪庭而矢曰有死無嫁也時氏
年二十八卒完其志中遭翁姑伯季及姪男婦之
喪十餘口質釵釧佐以紡績咸葬之如禮有叔翁
姑老而無子氏奉之如其翁姑數十年無倦色教
孤子讀書季有遺孤建中並撫之得先後列諸生
氏年七十九歲見四世孫矣
李氏年十九適邑民吳天滋二十四歲生子樑甫
月餘而天滋卒氏事病姑二載克盡其孝撫樑教
育之列邑貢生詳准旌表
李氏賈應昌妻值流寇至避山中爲賊所掠李自
投於崖
陳氏仲國通妻嘉慶五年教匪猝至氏不屈被戕
詳准旌表建坊崇祀
李氏賈某妻年二十四夫歿二子方襁褓遭獻賊
之亂避居深山訓二子後俱成名

周氏監生魯春容妻二十六夫卒矢志靡他終身
苦節勵其子國賢列邑庠
賈氏陳居仁妻年二十四居仁卒孝養翁姑喪葬
盡禮終身苦節撫子鈞入邑庠詳請旌表
張氏李均妻年十八夫卒守子培元成立詳請旌
表
梁氏王學洙之妻守節四十餘年撫一子成立詳
請旌表
漕氏廪生曹國賓之妻國賓早卒氏守節三十餘
年子學洙邑歲貢詳請旌表
劉氏年十六歲適文童梁觀元早卒遺子國彥甫
三歲翁姑俱在家赤貧氏奉親撫子守節四十餘
年子國彥入泮詳請旌表
吳氏佾生楊芝蘭之母父素安早卒氏年二十芝
蘭甫三月氏傭食課讀苦節終身詳請旌表
貞女王氏邑貢生王經培之女幼字同邑崔寶笏
寶笏宦遊不歸氏待字年已三十有餘翁姑欲使
另嫁氏誓曰生爲崔氏婦死爲崔氏鬼信義必不

可失也父母家察其志堅於嘉慶年間遣嫁崔門以嫂冠帶拜堂氏加笄後動靜以禮事姑以孝終身未睹夫面而歿

何氏年十八適曹思參閱三載而曹卒遺二子翁姑俱在家極貧氏事親撫子茹苦一生長孫升之入學食餼氏守節五十餘年卒年七十五

張氏山西垣曲縣巡檢張與正之女嫁儒童王萬福萬福溺水死氏年二十矢志不嫁養猶子爲己子奉親撫孤七十餘歲而終

馬氏適邑庠生徐含章事大父翁姑以孝聞含章卒氏年三十餘其姑猶存懷貞茹苦奉養其姑始終不倦教訓二子成名長清增生次沅乙酉選拔壽七十四而終

謝氏年十六適張立德立德故氏年二十八歲家貧守節教子凌雲入庠年四十八歲終

羅氏年十七歲適王命申爲妻命申卒氏二十五歲子儒方週歲翁姑俱存家素寒氏立志守貞晝耘夜績於翁姑生事死葬無不如禮撫孤成立教

孫化岐入庠氏壽九十有一終
趙氏年十六適李三錫生子甫三歲而三錫故時氏二十四歲矢志柏舟延師課孫作楳入邑庠守節四十八年卒年七十有二
張氏劍州人適里民張思賢思賢卒氏年二十有七遺腹生子嘉瑞孀姑在堂單寒無依氏奉姑撫子勵志冰霜姑享年八十有二子嘉瑞亦列黌宮皆氏力也氏亦享年八十有三以無疾終
吳氏幼字胡成宇未及笄成宇亡氏守貞誓不再字歲六十而卒
何氏邑典吏雷達天之妻未數載而達天歿氏年三十撫遺腹孤家無斗筲勵節矢志子名宣和和丸教讀入泮補增氏守節五十餘年壽八十六歲而終四川學使王旌其門曰完貞皓首
徐氏邑沈自仁之妻年二十七歲而夫歿翁老姑盲翁又常病氏日奉湯藥晨夕孜孜子履潔方七歲延師教讀入泮補增人咸稱曰孝養之報

羅袁氏羅允升之妻年二十而夫故氏撫幼子鴻才長入國學守節五十年餘詳請旌表奉四川督學使者鄭旌其門曰雪操冰心

高羅氏年十六歲適監生高榮先爲妻夫早故氏撫長子登桂後入國學次子登選孫毓鼎選雲南浪穹縣典史氏守節始終如一愈堅愈貞奉四川督學使者鄭旌其門曰彤管流芳

仲王氏年十六歲適邑仲新仁爲妻夫故氏年二十一家貧親老上事翁姑下撫孤子萬品以至成立紡績自給孫惠音入國學守節五十年享壽七十有一

王賀氏邑王履鼎之妻年十八而夫故遺孤子崇善撫立完配不數年而崇善故遺媳高氏姑與媳俱寡守貞媳女紅以贍守節六十餘年前唐令以節苦心貞四字表揚其閭

趙王氏年十八適趙萬發爲妻至二十四歲夫故撫孤子清源入國學翁姑早故內外兼理守節三十餘年

重修昭化縣志卷之四十五

人物志 七

仙釋

漢天師張道陵修眞於仙人山有牧童羣戲於野鴨溪天師過之以葛藤穿紅石纍纍令衆童齊穿衆童不能而趙小子能遂以爲徒攜遷閬中雲臺山永壽二年自半岩躍入石碑中復穿崖頂而出將劍印授其子衡及妻雍氏昇天而去趙小子亦自是仙矣

唐傳仙宗陝西長安人開元間其父倫爲資陽令得羽人修眞之術宋乾道元年詔赴闕經利州桔柏津除水害邑人祠祀之上問何修至此曰守以恬淡行以簡易又問長生之術曰惠及民物卽長生也上大悅久之遣還山

宋孫知微字思邈成都人張乖崖鎭蜀欲見之匿迹人頭山乖崖還朝出劍關有童子持書迎道左問知微所在曰得自途次不知所在也乖崖悵然久之

鄭本昭化人舉永樂甲午賢書偶過大高山見雲間雙鶴聯翩而下及至則兩道人也因尾之二人顧問本跪求授術道人遂授以修煉法既歸絶意仕進棲隱白岩山九十八歲尚能作小楷年一百一十歲趺坐而逝人以爲尸解

曉宗昭化僧遊南海三十年萬歷丙申回昭化居縣之梵天院跪誦法華數十卷五載不出門已結庵於人頭山麓戊申年集居人告以將去衆人以爲遊方曰非也吾欲歸耳是夜里人皆聞扣戶作謝聲山中豺虎爲患暮夜莫敢啟扉遶旦往視見其玉筯雙垂至膝趺跏逝矣

尼僧源惠本楊作榜妻楊没入痘疹菴爲尼清苦四十餘年予特給匾獎之并爲立傳此尼苦修多年恐日久湮沒故破格書之

痘疹庵尼僧源惠傳 道光二十五年署令張紹齡

自古亡國之臣不忍背故主而事新君而又不欲以節義聞也往往滅其迹而毀其形放蕩于山巔水涯之外或爲乞丐或爲市僧或爲方外僧世之

人第見其爲乞丐而已市儈而已方外儈而已而不知其爲孤臣也是大可悲矣之人也吾思之而難一遇若尼僧鄒氏源惠或庶幾焉氏江西人幼爲楊姓童養婦楊貴州人其翁遷于此生四子長作榜卽氏夫長氏二十歲氏年十六歲合巹成禮次年生一女而楊適病病數年不起將終謂氏曰爾青年勿自苦其嫁之便氏咈然退而自翦其髮持謂夫曰君不幸而沒妾誓爲尼以此髮殉君可也楊淒咽以終是時氏年方二十二歲越三年終喪泣請於姑曰兒曾誓爲尼願遂昔志姑不忍拂許之氏乃分其田于諸弟囑以善事父母并以幼女託之遂入痘疹庵爲尼余見之年已六十四歲蓋守節歷四十二年矣嗟乎當氏夫未沒時氏卽截髮自誓于夫之前旣而卒成其志越四十餘年而此志不變眞所謂氷雪其心松筠其節而不愧所天者歟乃又不欲以節義聞滅其跡而毀其形終其身爲尼余詢之鄉人鄉人以其守清規殫勤勞莫不加敬亦第見其爲尼僧而已而不知其爲

節婦也是亦大可悲矣夫妻道也臣道也一而已矣以余觀氏之所爲殆與亡國孤臣如出一轍焉嗚乎至性所結智愚何殊苦節之爲鬼神亦動吾旣遇其人安得不爲之詫然驚肅然敬乎夫表彰潛德司牧者之責也爰備述其事以俟後之採風者

重修昭化縣志卷之四十六

人物志七

流寓

按史記貨殖傳蜀卓氏之先趙人也秦破趙遷卓氏入蜀諸遷虜少有餘財爭與吏求近處處葭萌卓氏曰此地狹薄求致之臨卬據此則葭萌立縣之初固多北方人矣

蜀彭羕字永年廣漢人先主入蜀羕見諸葛亮於葭萌抵掌而談當世之務講霸王之理建取益州

策亮甚然贊遂舉事焉

明松楊居士（舊志）居士寓安昌壩爲塾師自給鄉人見其通經史而文藝下筆立就異其人欲爲娶妻立辭而走寓順慶之善慶里薙髮稱雪菴和尚或曰建文御史葉希賢也

國朝王道人陝西鳳翔人善鑿石有以宮室碑坊請者辭弗就務修路濟人所修皆鉅工遇巉崖之阻行旅者躬丐於里人日供三合米食之不取值每鑿輒一二年斬寛坦乃已往來秦蜀間數十年其子訪得之跪請歸里道人紿曰公毋誤吾舊無家也其子去迺謂里人曰吾終老石工矣此子徒敗人意乾隆五十年冬十月道人方鑿白水之寨子崖李合見之年約五十餘貌修偉不妄與人語語亦無異者然而濟物之功宏矣

湯嗣新嘉慶初年來昭寓西關外梓潼廟教學餬口人品端方學問淵博卒葬於郭家橋路坎之上墓前有碑自叙云余乃貴州銅仁縣癸酉拔貢由直隸州判揀發直隸河工歷任武清縣主簿武清

縣東安縣固安縣縣丞霸州州判署任阜城縣固安縣知縣景州知州實授吳橋縣知縣始因苗匪叛亂繼因歸路多艱流寓昭化有男慕德尋吾於嘉慶七年六月來昭九年七月二十六日身故今將大略自行書記其行跡詭異殆不可知

管清一山東膠州人邃於經史尤精導引術乾隆年間寓於廣元之天臺山嘗至閬川北道李鋐禮之嗣來昭寓梵天院昭士多與之遊問以未來事無不驗者時已百餘歲矣後卒於保寧府葬觀音寺後究未知爲何許人也

王兆鵬山西汾陽人甲戌科明通乾隆四十年間來昭敎讀於葱嶺書院從者甚衆名下士多出其門後管清一至王師事之講究易理終日不輟其所造概可知矣

重修昭化縣志卷之四十七

紀事志一

紀事

秦惠王欲伐蜀乃刻五石牛置金其後蜀人見之以爲牛能大便金牛下有養卒以爲此天牛也能便金蜀王以爲然卽發卒千人使五丁力士拖牛成道致三枚於成都秦道得通石牛之力也惠王本紀

愼靚王五年秦大夫張儀司馬錯都尉墨等從石牛道伐蜀蜀王自於葭萌拒之敗績遁走至武陽爲秦軍所害華陽國志

漢建安二年延岑反公孫述使侯丹開白水關守南鄭任滿從閬中下江東據扞關於是盡有益州地後漢書

獻帝建安中劉璋襲益州刺史劉焉位張魯稍驕恣璋殺魯母及弟遂爲讐敵魯部曲多在巴西故以龐羲爲巴西太守領兵禦魯三國志

璋於白水縣設關尉以將楊懷高沛將兵守之

璋益昭烈兵使伐張魯又令督白水軍併三萬軍

車甲精實昭烈次葭萌厚樹恩德以收衆心中郎將龐統說三策昭烈然其中計卽斬懷等遣將黄忠卓膺勒兵前行

山南西道節度使楊守亮忌利州刺史王建驍勇屢召之建懼不往周庠說建曰葭萌四戰之地難以久安閬州地僻人富刺史楊茂實不修職貢若表其罪討之可一戰而擒也建從之召募溪洞酋豪有衆八千沿嘉陵江而下襲閬州逐刺史楊茂實自稱防禦史招納亡命軍勢益盛部將張虔裕說建遣使奉表天子仗大義以行師綦毋諫復說建養士愛民以觀天下之變建皆從之綱目

蜀主殂子衍繼位二年八月衍北巡以宰相王鍇判六軍諸衛事旌旗戈甲百里不絕衍戎裝披金甲珠帽錦袖執弓挾矢百姓望之謂如灌口神后妃餞于昇仙橋以宮人二十人從至漢州駐西湖與宮人泛舟奏樂飲宴彌日九月駐軍西縣自西縣還至益昌泛舟巡閬中舟子皆衣錦繡衍自製水調銀漢曲命樂工歌之郡民何康女有美色將

嫁衍取之賜其夫家百縑其夫一慟而卒蜀檮杌

後唐莊宗同光三年遣魏 王繼岌郭崇韜將兵伐蜀蜀主衍東遊李紹琛攻蜀威武城城降崇韜倍道而進蜀主至利州遇威 武敗卒始信唐兵之來乃以王宗勳王宗儼王宗昱爲三 招討將兵三萬逆戰兵皆怨憤曰龍武軍糧賜倍於他軍他軍安能禦敵紹琛等克興州與戰三泉大敗之又得糧十五萬斛蜀主聞宗勳等敗倍道西走斷桔柏津浮梁命王宗弼守利州李紹琛晝夜兼行趣利州

宋光葆遺郭崇韜書請兵不入境當舉巡屬內附苟不如約則背城決戰崇韜納之繼岌至興州光葆及諸城鎮皆望風欵附崇韜遺宗弼書陳其利害宗弼棄利州歸紹琛等遂至成都蜀主出降綱目

宋太祖詔伐蜀遣王全斌 崔彥進等出鳳州十二月斌率兵下興州進拔石 圖魚關白水二十餘砦先鋒史延德進軍三泉敗蜀軍擒招討使韓保正遂至嘉陵殺俘甚衆蜀人斷閣道軍不能進全斌議取羅川路以入康延澤謂彥進曰羅川路險軍

難並進不如分兵治閣道進與大軍會於深渡彥進以白全斌全斌然之命彥進延澤督治閣道數日成遂進擊金山砦破小漫天砦全斌由羅川趣深渡與彥進會蜀人依江列陣以待彥進遣張萬友等奪其橋會暮夜蜀人退保大漫天砦詰朝彥進延澤萬友分三道擊之蜀人悉其精銳來逆戰又大破之乘勝拔其砦蜀將王審超監軍趙崇渥遁去復與三泉監軍劉延祚大將王昭遠趙彥韜引兵來戰三戰三敗追至利州北昭遠遁去渡桔柏江焚梁退守劍門遂克利州得軍糧八十萬斛自利州趨劍門次益光全斌會諸將議曰劍門天險古稱一夫荷戈萬夫莫前諸君宜各陳進取之策侍衛軍頭向韜曰降卒牟進言益光江東越大山數重有狹徑名來蘇蜀人於江西置砦對岸有渡自此出劍關南二十里至清強店與大路合可於此進兵卽劍門不足恃也全斌等卽欲卷甲赴之康延澤曰來蘇細徑不須主帥親往且蜀人屢敗併兵退守劍門莫若諸帥協力進攻命一偏將

趙來蘇若達清強北擊劍關與大軍夾攻破之必矣全斌納其策命史延德分兵趙來蘇造浮梁於江上蜀人見梁成棄砦而遁昭遠聞延德兵趙來蘇至清強卽引兵退陣於漢源坡留其偏將守劍門全斌等擊破之昭遠崇韜皆遁走遣輕騎追獲傳送闕下遂克劍州殺蜀軍萬餘人四年正月十三日師次魏城孟昶遣使奉表來降全斌等入成都宋史

五年以王繼恩爲招安分路進討繼恩由小劍門路入研石砦破賊斬首五百級遂北過青疆嶺平劍門進破賊五千於柳池宋史

重修昭化縣志卷之四十八

雜類志一

紀聞

廉范字叔度京兆杜陵人父遭喪亂客死於蜀范遂流寓西州西州平歸鄉里年十五辭母西迎父喪蜀郡太守張穆范祖丹之故吏重資送范范無所受與客步負喪歸葭萌載船觸石破沒范抱持棺柩遂俱沉溺衆傷其義鈎求得之療救僅免於死穆聞復馳遣使持前資物追范范又固辭後漢書

段翳字元璋廣漢新都人習易經明風角有一生求學積年自謂畧究要術辭歸鄉里翳爲合膏藥并以簡書封筒中告生曰有急發視之生到葭萌與吏爭渡津吏撾破從者頭生開筒得書言到葭萌與吏鬬頭破者以此膏裹之生用其言掓者卽愈寰宇記

唐明皇次益昌縣渡桔柏江有雙魚夾舟而躍議者以爲龍舊唐書

唐明皇思蜀道嘉陵江山水假吳道子驛傳令往

寫貌及同帝問狀奏曰臣無粉本並記在心卽令於大同殿圖之嘉陵江三百餘里一日而就時李將軍山水擅名亦畫大同殿累月方就帝曰李思訓數月之功吳道元一日之力各極其妙今試登山望之數百里曲折一一在目殊爲化工矣

濟順王本張亞子晉人戰死廣明二年僖宗幸蜀神於利州桔柏津見封爲濟順王親幸其廟解劍贈神太子少師王鐸扈從因題詩 郡國志

僞蜀徐國璋納女於後主祀拜貴妃別號花蕊夫人意花不足擬其色似花蕊翾輕也又升號慧妃以號如其性也王師下蜀太祖聞其名命別護送途中至葭萌驛作詞題壁云初離蜀道心將碎離恨綿綿春日如年馬上時時聞杜鵑以軍騎追促未成而行後有無名子續之云三千宮女皆花貌妾最嬋娟此去朝天止恐君王寵愛偏陳無已以夫人姓費誤也 能改齋漫錄

花蕊夫人題葭萌驛詞書未畢爲軍士促行後有人戲之云云夫人見宋祖猶作十四萬人齊解甲

更無一個是男兒之句豈有隨祖行而書此敗節之語乎不惟虛空架橋而詞之鄙俚亦狗尾續貂矣升庵詞品

重修昭化縣志卷之四十九

雜類志二

祥異

晉永康二年鳳巢於南山

宋慶歷六年五月禾一莖兩歧

宋嘉定二年丙子水没縣治

明嘉靖四十五年土基壩麥三歧

萬歷二十二年夏六月望日有星隕於縣之三堆壩掘三尺許得黑石如斗大